L'ÉPICIER

Histoire Fantastique

PUBLIÉE PAR

M. LEPEINTRE-DESROCHES,

ANCIEN ÉDITEUR DES POËTES FRANÇAIS, DE LA BIBLIOTHÈQUE DRAMATIQUE, AUTEUR DE QUATRE MOIS DANS LES PAYS-BAS, ETC.

Tome Deuxième.

PARIS.

LECOINTE ET POUGIN, LIBRAIRES,
QUAI DES AUGUSTINS.
VIMONT, LIBRAIRE-ÉDITEUR,
GALERIE VÉRO-DODAT, N. I.

1833

L'ÉPICIER.

IMPRIMERIE DE A. BARBIER,
RUE DES MARAIS S.-G., N. 17.

L'ÉPICIER

Histoire fantastique,

PUBLIÉE

PAR M. LEPEINTRE-DESROCHES,

ANCIEN ÉDITEUR DES POÈTES FRANÇAIS, DE LA BIBLIOTHÈQUE DRAMATIQUE, AUTEUR DE QUATRE MOIS DANS LES PAYS-BAS, etc.

*

TOME DEUXIÈME.

*

PARIS.

LECOINTE ET POUGIN, LIBRAIRES,
QUAI DES AUGUSTINS.
VIMONT, LIBRAIRE-ÉDITEUR,
GALERIE VÉRO-DODAT, N. 1.

1833.

VII.

L'ÉPICIER était resté seul de consommateur quelques momens dans le café lorsque le petit bonhomme qu'il avait aposté accourut lui dire à l'oreille : — Monsieur, je viens de » voir sortir de chez mademoiselle » un jeune homme qui a de gros fa- » voris noirs. »

— Oh! diable! dit l'épicier, l'aventure de la chaussée du Maine serait donc vraie?... Mais, demanda-t-il mystérieusement à l'enfant, es-tu bien sûr de cela? — Oh! oui, monsieur; j'ai de bons yeux, vous le savez. — — Eh bien! je vais chez elle de ce pas. Il est parti, tu me l'assures? — Oui monsieur; il est déjà loin. — Maintenant, va-t-en à la maison, je n'ai plus besoin de toi, mais ne manque pas de bien travailler aujourd'hui. Tu iras cette après-dîner, à la rue Quincampoix, pour le coua gede la chandelle, entends-tu? — Oui, monsieur. Mais vous m'avez promis quelque chose pour avoir été en sentinelle ici depuis sept heures du matin : vous vous en souvenez? — Voyez-vous ce gamin, qui veut que je le paye pour un service, comme s'il n'était pas heureux que je l'honorasse de la préférence! veux-tu courir bien vite!... Et il le chassa économiquement, comme il faisait de tous ceux dont il n'avait plus besoin.

Et le gamin ayant répété gaîment : Vous me l'avez promis! se met en effet à courir.

M. Desforêts, de mauvaise humeur, alla aussitôt se présenter chez mademoiselle Agoline. On se rappelle, que c'est d'elle qu'il a été question dans le chapitre de la visite chez madame Du Cellery.

Ce fut la mère, madame Duméron, qui vint lui ouvrir.

— Eh bien! demanda-t-il brusquement sans dire bonjour, où est votre fille?

— Elle va paraître, répondit madame Duméron sans s'émouvoir. — Mon Dieu! pourquoi n'est-elle donc pas dans ce salon? — Ah! vous n'ignorez pas que les femmes ont toutours quelques petites affaires à arranger seules. — Ou avec quelqu'un, dans certains momens. — Pouvez-vous penser une pareille chose! — Vous m'allez dire, peut-être, qu'elle n'était pas tout à l'heure avec un jeune homme? — Mon Dieu! vous vous trompez, M. Lerouge, nous avons été seules toute la matinée. — Vous m'en imposez; vous savez bien le contraire!

Madame Dumérou ne fut pas ébranlée de cette interrogation véhémente. — C'est une prévention que vous avez, répondit-elle. — Ah! par exemple, voilà qui est fort! Quoi! je viens de le voir sortir d'ici il y a cinq minutes. — Ma foi! je n'en ai pas de connaissance, j'étais dans le jardin; mais c'est quelque marchand sans doute. — Il a resté plus de deux heures ici.

L'épicier disait ceci au hasard, car il n'en savait rien.

— Voilà qui est faux, je vous le proteste, repartit vivement madame Dumérou.

— Prenez garde, madame Dumérou, reprit l'épicier avec un ton sévère qui lui était plus naturel que la colère, vous jouez un vilain jeu en voulant me tromper et vous êtes bien hardie!...

En ce moment Agoline parut. — Eh! mon Dieu! maman, s'écria-t-elle, d'abord je crois que vous perdez la tête: pourquoi cacher à mon oncle que mon frère est à Paris depuis quatre jours et sort d'ici ?

— Votre frère ! s'écria l'épicier surpris.

— Oui, monsieur, reprit la mère, dont l'aplomb se raffermit à ces paroles de sa fille comme si elle n'eût été retenue que par quelque ménagement.

— Quoi ! répéta l'épicier, vous avez un frère ? et il est à Paris ?

— Oui, mon bon oncle, reprend Agoline d'un ton caressant ; je vous avais parlé une fois de lui, c'est que vous n'y aviez pas pris garde. Il vient de quitter Marseille tout récemment, pour éviter des poursuites. — Ah ! mon Dieu ! eh ! qu'a-t-il donc fait ? — Il passe pour avoir conspiré contre le gouvernement avec les étudians de

Toulouse, et le procureur du roi allait le faire arrêter quand il est parti de Marseille pour venir se réfugier à Paris. — Comment, contre le gouvernement! est-ce qu'il était pour quelque chose dans ce mouvement qui a eu lieu à je ne sais quel endroit? Il n'est donc pas partisan de Charles X, comme le sont les cinq sixièmes de la population de ces départemens? — Oh! non...non, mon bon oncle; il est.. libéral exalté; il est du petit nombre des jeunes gens de nos contrées qui ont des opinions éclairées et qui ne partagent point l'engouement de royalisme qui aveugle le peuple d'Avignon, d'Orange et de Nîmes, encore plus que celui de Marseille et de Toulouse. — Alors il est donc de la très-petite minorité, ou plutôt il est de ceux qui sont animés de l'esprit des habitans de Béziers et de Tarascon? — Oui, mon oncle, précisément. — De sorte qu'il est à Paris presque incognito, ou, pour mieux dire, caché? — C'est cela; mais il est venu avec le passeport d'un de ses camarades réfugié de Lyon à Marseille. — Ainsi, il prend un nom supposé? — Hélas! il y est bien obligé!

— Cela est dangereux. Mais pourquoi aussi s'est-il mis en avant si témérairement? Que diable! un jeune homme qui se hasarde aussi violemment pour une opinion compromet son existence et gâche son avenir.

— Cela est vrai, mon oncle; mais que voulez-vous! on n'est pas toujours maître de ses sentimens, et lorsqu'on est jeune on sacrifie à chaque instant ses intérêts à ses goûts, à ses affections, à sa manière de sentir. — Syrène que vous êtes! comme vous trouvez de bonnes raisons! comme vous émettez bien vos idées!... En vérité! elle s'exprime comme un auteur, cette petite biche là!... Et vous-même, vous seriez donc capable de sacrifier aussi vos intérêts?

— Certainement, mon oncle; je ne suis pas plus raisonnable qu'un autre sur ce chapitre. — Tant pis, ma nièce; il faut savoir se commander et mettre ses goûts de côté. — Ah! j'y fais aussi ce que je peux; mais je n'y réussis pas toujours bien. — Par exemple, moi, c'est différent; vous me sacrifieriez aisément à vos intérêts, je parie; et si vous trouviez un autre oncle qui vous donnât le double de pension, vous me mettriez bien vite à la réforme. — Mon Dieu! mon oncle, pouvez-vous supposer une pareille chose!

En ce moment, et à ces paroles dites mielleusement par la syrène, l'épicier était considérablement radouci.

—Je vous jure, continua l'adroite personne, que, pour un avantage deux fois, trois fois plus grand, je ne changerais pas d'oncle.

— Ah! parbleu! répondit l'épicier déjà attendri, rien ne vous coûte moins que de me le dire; mais que cela soit sincère, c'est autre chose. —Eh bien! mon oncle, vous le croirez si vous voulez, j'ai refusé des offres très-avantageuses, j'ai refusé quatre fois plus que vous ne me donnez.—Vraiment! mais, sot que je suis, c'est une plaisanterie ou une petite ruse! — Demandez plutôt à maman.

— Oui, demandez à Lazarille, dit-il en partant d'un gros éclat de rire.

— Sur l'honneur, il n'y a rien d'aussi vrai! s'écria la mère gravement.

— Oh! parbleu! reprit l'épicier, toujours riant à grand bruit, vous ne vous démentirez pas l'une l'autre!... Mais voyons, Agoline, quel est donc ce quidam? dis-moi cela, ma petite nièce.

Ici, le prétendu M. Lerouge se sentit dans les dispositions les plus affectueuses.

— Ah! répondit Agoline avec un ton de pruderie étudié, cela n'est pas nécessaire; ces choses-là ne doivent pas se dire, elles n'en valent pas la peine. — Allons, je t'en prie, dis-le-moi; je t'enverrai demain quatre livres de moka et quatre livres de chocolat à l'*arrow root.* — — Eh bien! mon oncle, je les accepte pour vous satisfaire; aussi bien je ne cours pas grand risque, le personnage ne mérite pas tant de mystère; c'est un boucher de cette rue; il m'a fait proposer 400 francs par mois par une femme qu'il a envoyée ici. — Peste! mais c'est un grand prodigue que ce marchand de viande; il faut qu'il fasse de bien bonnes affaires! Il est vrai que tous les bouchers sont des aigrefins qui trompent sur la qualité et vendent à faux poids. Aussi n'ayez pas peur que je m'en laisse imposer par eux;

j'ai bien soin de faire peser la viande qu'ils m'envoient. Une fois il y en avait un qui m'en comptait pour cent vingt livres en un jour, au lieu de cent livres.

— Jésus, M. Lerouge! interrompit madame Dumérou avec une fine simplicité; il se fait donc une fière consommation dans votre maison?

— Ah! je me trompe, répliqua notre héros un peu embarrassé, j'ai voulu dire pour une semaine; c'est une distraction.

— Tenez, mon oncle, vous êtes un petit menteur, reprit malicieusement la fausse nièce; vous nous cachez votre vraie condition.

— Oh! mon Dieu! oui, ajouta la mère, elle a raison; je parie que vous êtes quelque gros carrossier, ou marchand de chevaux. Avec cela, vous n'avez pas voulu nous dire votre demeure...

L'oncle d'emprunt dissimulait à peine son embarras et dit : — Ah ! vous vous trompez bien; je vous jure que je suis épicier. Est-ce que je n'en ai pas l'air, voyons?

— Oh ! non, répondit Agoline ; ce n'est pas que vous ayez l'air d'un homme du haut parage, mais on vous prendrait au moins pour un entrepreneur d'importance.

— Je ne sais pourquoi, interrompit madame Dumérou, j'ai toujours cru avoir vu votre figure dans quelque grand cortége, ou dans les rues, ou à la campagne. — Allons, allons, c'est une illusion que vous vous faites toutes deux. Mais, pour en revenir à ce boucher, mon rival, l'avez-vous vu ?

— Oui, répliqua Agoline ; c'est un gros brun bien rouge de figure, et qui a une grosse voix. — Ah ! c'est lui ! je viens de le voir tout à l'heure dans un café des environs. — Cela se peut bien, il y va souvent. — Eh bien ! ma nièce, qu'as-tu répondu à sa brillante proposition ? — J'ai refusé net, mon oncle : d'abord à cause de notre engagement, et ensuite parce qu'il me déplait, et enfin, parce que je ne suis pas d'humeur de changer ainsi de liaison pour le plus offrant. — Sur ces trois raisons, il y en a une qui me flatte, et je m'en contente ; mais cependant quatre cents francs par mois, c'est beau, et je t'ai prévenue dès le commencement que je ne pouvais te donner plus que je ne fais. —Je le sais, mon oncle, mais nous comptons sur vos promesses.

— D'ailleurs, interrompit la mère, ma fille ne veut pas passer de main en main ; ce sont de ces choses qu'elle a trop en aversion, et qui sont hors de sa manière d'être. Nous vous avons dit, si vous vous le rappelez, que ce n'était que les circonstances fâcheuses qui nous avaient mises dans le cas d'accepter vos offres, et parce que vous nous avez paru un homme estimable sur qui l'on pouvait compter pour l'avenir. — Oui, oui ; soyez sûre que je pense dès à présent à procurer un établissement à ma nièce. Nous verrons à lui faire avoir un bureau de timbre : j'ai de bons amis au ministère qui me faciliteront pour cela. Et ensuite, je te procurerai, Agoline, un petit détail de mercerie. — Ah! mon oncle, c'est plus que je n'espérais, mais j'ai à cœur de conserver votre attachement par dessus tout.

— Mignonne trop aimable! câline séduisante! s'écria l'épicier en l'embrassant avec un enthousiasme à la Sganarelle.

La conversation devint si animée, il s'échauffait tellement dans son harnais, le patriarche conjugal, modèle de la classe boutiquière, que madame Dumérou, en femme de sens, sortit pour les laisser ensemble.

Une heure après, quand l'épicier fut prêt de se séparer d'Agoline, il lui dit:

— Ah ça! que vas-tu faire de ton frère?

Elle lui répondit: — Mais, dame! il est tantôt dans un hôtel garni, et tantôt dans un autre.

— Comment! il n'est pas à demeure dans un seul? — Non, il craint que la police n'ait les yeux sur lui, et ce soir encore il va dans un autre logement. — Et quel est ce logement? — Ma foi, je n'en sais rien; j'ai oublié de le lui demander. — Et ses moyens d'existence? — Je crois, mon cher oncle, qu'il a encore de l'argent pour quelque temps. Il ne veut pas me le dire, mais je gagerais qu'il en reçoit sous main de quelque vieille femme du pays qui est du parti libéral, ce qui est assez rare parmi les vieilles femmes du

Midi. — Diable! cela est précaire et ne peut le mener loin. C'est un pauvre état que d'être conspirateur et soutenu par une vieille femme. Et puis, que d'ambitieux et de mauvais sujets dans les libéraux! car, quel est le but de Marseille et de Toulouse, par exemple? de faire du bruit, et voilà tout. —Ah! mon oncle, vous ne savez pas une chose, c'est que ceux de nos pays travaillent sourdement pour le duc d'Orléans. — Pas possible!... ah! voilà ce que je ne savais pas... c'est singulier!... oh! c'est bien différent! Alors ton frère est véritablement un brave garçon et je m'intéresse beaucoup à lui. A-t-il des moyens? quelle espèce de sujet est-ce?— Mais, mon oncle... ce n'est pas un jeune hommes des plus instruits; il s'est un peu négligé depuis ses études ; il a trop de bravoure par malheur, et par malheur encore il aime un peu les femmes. — Ah ! ce n'est pas un défaut bien capital, surtout s'il sait gouverner ce penchant. Mais, enfin, à quoi est-il bon ?— Ma foi, mon oncle, il serait bon à se battre, à faire la guerre , à figurer dans une entreprise périlleuse; il est brave comme un de ces aventuriers dont parle l'*Histoire d'Amérique*, ou comme un de ces flibustiers du 17e siècle , dont Lesage...—Voyez-vous, la petite lectrice érudite! elle fait des comparaisons de littérateur!... Écoute, Agoline, je veux le voir, ce frère; je pourrai faire quelque chose pour lui. Je suis pressé en ce moment, je te quitte, mais je reviendrai mardi, sur les midi, pour me trouver avec lui; tu le feras venir.— Mon oncle, que vous êtes bon ! que je vous aime ! Mais pourquoi voulez-vous le voir ? il ne vous plaira peut-être pas. — Si fait, si fait ; je veux le voir, te dis-je. Il pourra m'être utile dans certaine affaire difficile. L'utilité, voilà mon grand mobile pour obliger. — Allons, mon oncle, je ne veux pas m'opposer à votre bonne volonté, puisque vous l'exigez, mais alors vous accepterez ce jour-là un petit déjeûner avec nous. — Parbleu ! c'est bien vu, j'y consens. Tiens, demain je t'enverrai, avec ce que je t'ai promis, une bouteille de champagne pour notre dessert. —Vous êtes bien aimable, et ce sera la première fois que vous aurez fait un repas ici. — Allons, c'est arrêté. Adieu, Agoline; à mardi.

Quand l'épicier fut parti, la mère vint retrouver sa fille. — Sais-tu, Agoline, dit la première, que nous l'avons échappé belle et que tu as bien failli être prise avec ton Ricardès? — C'est vrai, maman, et ç'eût été une rencontre bien fâcheuse pour M. Lerouge, qui aurait pu être maltraité par la mauvaise tête; mais je ne conçois pas comment il a pu savoir que Ricardès venait de sortir, cependant il n'est arrivé ici que cinq minutes après lui. — Eh! sais-tu s'il n'a pas quelque espion qui rôde toute la journée aux alentours? Je t'ai dit cent fois que M. Lerouge n'était que son nom de guerre, et qu'il est quelque riche et important personnage. — Vous avez peut-être raison, et il a beau se donner pour un petit épicier, ce pourrait bien n'être qu'une feinte ; mais que voulez-vous y faire ! nous ne lui arracherons pas de force son secret. — Sans doute ; mais ce qui est encore plus particulier dans tout ceci pour moi, c'est que j'ai la plus forte raison de croire qu'il est le fils de ce banqueroutier qui a ruiné notre famille à Marseille il y a trente-six ans, lorsqu'il vint y séjourner. Il avait avec lui deux fils très-jeunes, et malgré le changement que l'âge a fait éprouver à cet homme-ci, je l'ai bien reconnu à la coupe de sa figure, à sa voix, à ses yeux. Il n'a pu me reconnaître, et il ne me reconnaîtra jamais ; nous n'avons point eu jadis d'intimités ensemble, et je suis bien défigurée depuis la maladie que j'ai eue il y a dix ans. — Il est sûr que vous devez mieux le savoir que moi. — Ah! que je voudrais bien me venger du père sur le fils! Si je pouvais seulement lui faire donner une indemnité d'une cinquantaine de mille francs! — Mais le moyen? voilà ce qui est difficile. — Hum! hum! peut-être pas autant que tu le crois. As-tu remarqué s'il avait un portefeuille? — Sans doute, il en a un; mais après? — Eh bien! je parierais qu'il ne marche jamais sans qu'il n'ait mis dedans cinquante à soixante mille francs et plus. Va, va, je te le répète, c'est quelque capitaliste qui veut se faire passer pour épicier auprès des femmes avec qui il se lie, et qui cache son nom afin de les lâcher quand c'est son caprice; j'en ferais la gageure, fût-elle d'un million, si je l'avais. — Dans le fait, cela se pourrait bien. — Vois s'il a jamais voulu nous apprendre sa demeure. — Oh! pour cela, jamais, même au plus fort de la familiarité; il est d'un serré, d'une dissimulation avec son air de bonhomie, cet homme-là...... on ne peut rien savoir de lui dans quelque degré d'abandon que ce soit; il n'a pas d'effusion lors même qu'il est dans les momens les plus amoureux. Il est vrai qu'il y arrive si lentement!...

— Oh! reprit madame Duméron, s'il ressemble à son père, c'était l'homme le plus perfide, le plus roué!... j'ai été dans ses mains l'instrument involontaire de la ruine de ma famille. Aussi ai-je conservé une haine contre lui, quoiqu'il soit mort depuis trente-sept ans..... Tiens, je le poignarderais s'il vivait encore. Mais si je pouvais au moins rançonner son fils, je serais contente.

— Certainement, répondit Agoline, je ne disconviens pas que ce ne fût un juste retour. — Ajoute que ce serait heureux pour toi comme pour moi. Te voilà bien avancée avec les misérables 200 francs qu'il te donne par mois! Une pareille pension est bien loin d'une fortune, et encore ne durera qu'un temps. Il est urgent que tu mettes, sans tarder, tes beaux jours à profit si tu ne veux te trouver comme moi dans la *ba-*

boue quand tu seras vieille, ce qui n'arrivera que trop vite. Joins à cela que Ricardès nous gruge et nous empêche de faire des économies. Aussi, pourquoi t'es-tu coiffée de lui là-bas? — Eh! maman, il nous est bien utile Ricardès : vous savez qu'il nous a défendues à Marseille contre ce capitaine de navire qui voulait ravoir sa poudre d'or et qui était encore plus regardant, s'il est possible, que notre M. Lerouge. — J'en conviens. Eh! une idée me vient : il pourrait nous servir dans un projet qui me passe par la tête depuis quelques jours... Ah! mais, j'oubliais de te complimenter sur ta présence d'esprit. Vraiment, tu es admirable, mon enfant! avec quelle adresse ingénieuse tu l'as fait passer pour ton frère! En vérité, je n'aurais pas mieux fait, moi qui ai de l'habitude et de l'expérience. — Oh! maman, je ne me déconcerte jamais, moi, voyez-vous; je ne crains rien et je suis tout le contraire des autres filles de mon âge. — Oui, oui, rien n'égale ta présence d'esprit; tu as l'abandon d'un diplomate et la fermeté d'un militaire. Il ne te faudrait qu'une volonté plus prononcée et moins de scrupules que tu n'en as, et nous pourrions.... — Ah! que je vous dise donc, maman, il doit revenir mardi, et il veut que nous lui présentions Ricardès qu'il croit mon frère, dur comme fer. —Ah! qu'est-ce que tu me dis là? Mais cela nous expose bien, sais-tu? Quelle contenance veux-tu que Ricardès prenne devant lui; sa physionomie expressive et prononcée le frappera, lui inspirera de la défiance. — Soyez tranquille, je ferai la leçon à Ricardès; il se fera soigneusement les favoris, il soignera sa toilette; il n'est pas maladroit, il s'exprime avec facilité : M. Lerouge n'y verra que du feu. Il m'en a déjà parlé avec un intérêt... tout particulier. On dirait qu'il veut lui faire du bien. — C'est vraiment original et même plaisant; je ne l'aurais pas cru si crédule.... Oh! nous autres femmes, que nous savons bien en faire accroire aux hommes les plus défians! mais M. Lerouge est trop regardant, trop intéressé pour faire comme tu le dis du bien à Ricardès, ou trop peu fortuné, s'il est de bonne foi dans ce qu'il dit, et vraiment épicier de boutique.

— Il faut suivre la fable jusqu'au bout ; elle se terminera comme elle voudra. — Pour en revenir à ce que je te disais tout à l'heure, Agoline, ton Ricardès pourrait nous seconder dans l'exécution de l'entreprise que j'ai conçue. — Eh! maman, quelle entreprise donc? — Toute simple ; tâcher d'enlever cinquante ou soixante mille francs à l'épicier. — Ah ! que cela est romanesque! et d'ailleurs savez-vous s'il les porte toujours avec lui? — Il est vrai qu'il peut ne pas les avoir tous les jours ; mais en tout cas, il y aurait un autre moyen, ce serait de lui faire signer des billets. — Ah ! oui, par un guet-à-pens ; mais c'est bien périlleux, et Ricardès ne suffirait pas pour vous donner main forte. — Tes raisons sont spécieuses; mais tu ne vois pas tout. Est-ce que nous n'avons pas d'autres moyens si nous voulons?—Ah! oui, je conçois; cependant, il y a une difficulté que vous n'avez pas prévue. — Laquelle donc? — C'est que son nom de Lerouge, s'il n'est que supposé, ne vaudrait rien sur les billets. — Tu as ma foi raison; diable! je ne pensais pas à cela. —D'ailleurs, songez quel gros jeu vous nous feriez jouer. Est-ce que vous ne vous rappelez pas l'histoire de ces deux femmes, la mère et la fille, comme voilà nous deux, qui ont été exposées il y a quinze ou seize ans au carcan, pour avoir voulu tenter un coup de main sur un vieux coquin à qui elles voulaient aussi faire faire des billets? Et cependant leur ressentiment était juste et l'opinion publique était pour elles. Tout le monde trouva que le jury avait été trop rigoureux , et que le scélérat qui devait être leur victime était cent fois plus coupable qu'elles. Il avait abusé de la confiance de la mère et de la jeunesse de la fille. —J'en suis d'accord, Agoline, il y a bien du danger; mais considère donc que si nous ne tentons pas quelque chose de hardi, nous ne sortirons jamais de la situation fâcheuse où nous tomberons tôt ou tard; considère donc que tu ne dois compter sur rien pour l'avenir avec cet homme qui peut t'abandonner quand il voudra, et qui ne te donne pas assez pour que tu puisses économiser. Considère donc qu'il est le fils d'un homme qui a ruiné la famille de ta mère, qui m'a trompée indignement, qui m'a rendue victime d'une perfidie comme il n'y en a jamais eu.

— Oh! maman! je me pénètre bien de votre ressentiment; mais si ce n'était pas ce fils là? — C'est lui, te dis-je, j'en suis sûre, j'en ai la conviction; il y a certains traits de son visage que je me remets parfaitement, malgré les ravages du temps; c'est bien lui, il me semble encore le voir, lorsqu'il était à Marseille, il y a 36 ans. — Encore une fois, maman, songez au danger d'être découvert; un guet-à-pens, encore une fois, c'est ce qu'il y a de plus grave. — Non, il n'y aura pas de guet-à-pens, je n'ai besoin que d'une certaine poudre.... — Quoi! un poison! y pensez-vous? — Non, non, ne t'effraie pas, ce n'est qu'un soporifique. — A la bonne heure; mais alors à quoi peut vous servir Ricardès? — A lui donner des distractions, à animer sa conversation, à détourner son attention. — C'est une autre affaire; j'avoue que je ne répugnerais pas à quelque coup hardi, pourvu qu'il fît notre fortune.

— Ah! oui, notre fortune! s'écria madame Dumérou; avec humeur ton Ricardès est seul capable de manger tout en peu de temps.

— Eh bien! répondit sa fille d'un ton décidé, je suis prête à le quitter, si nous pouvons, pour exécuter notre projet, nous passer de lui. —

Est-il possible? Quoi! vraiment, Agoline, tu serais capable d'une si courageuse résolution? Tu ne tiendrais pas plus à lui? — Non, je vous jure, je n'y tiens pas autrement. Je commence à me lasser de cette liaison; c'est un être trop impératif, trop exigeant, trop violent. Je sens que je pourrais me détacher de lui, malgré le goût indéfinissable qu'il m'avait inspiré. La raison, depuis quelque temps, a repris le dessus dans mon âme, et je finirai tôt ou tard par briser une chaîne que je n'en suis pas d'aujourd'hui à trouver trop pesante. Je sens que je pourrais me détacher de lui sans trop d'efforts, et je l'oublierais assez aisément, si je pouvais être dépaysée encore une fois, ou vivre dans une autre sphère. Et vous savez pourtant que je ne suis ni volage ni capricieuse. — Tu as raison, et il y a long-temps que je t'aurais conseillé de quitter Ricardès, si pour ces choses là une mère avait quelque ascendant sur sa fille. Mais le moyen de changer de sphère, quand on n'a plus de fortune ni d'état, et qu'on est isolé de toutes connaissances et sans amis, et qu'on est jeté hors des voies où l'on pourrait s'en procurer! — Oh! si nous pouvions faire un bon coup à nous deux! nous nous réfugierions dans quelque province éloignée. Tiens, par exemple, en Bretagne, à Nantes; je connais un peu ce pays là, j'y ai voyagé il y a vingt-cinq ans. Les femmes y dominent bien plus les hommes qu'à Paris. — Ah! c'est un charmant pays en ce cas, eh bien, essayons. Alors il faudrait écarter Ricardès, quand nous mettrions la main à l'œuvre. Mais comment ferons-nous? car il est tous les jours auprès de nous. — C'est bien facile : ne lui parlons point de la proposition de l'épicier pour mardi, et donnons-lui ce jour-là rendez-vous chez un restaurateur du côté de Saint-Cloud. — Pendant qu'il nous attendra, nous décamperons d'ici. — Mais si l'affaire ne réussit pas, si nous ne trouvons rien dans le portefeuille? — Oh ! j'en ai bon augure ; je parierais que le compère a toujours des capitaux sur lui; j'en ai un pressentiment particulier. — Cependant, un épicier, maman! — Bah! que tu es donc bonne! C'est pour le moins un banquier, te dis-je. — Mais, maman, il y a beaucoup de marchands riches à Paris qui n'ont pas plus d'apparence que lui, qui se cachent comme lui et qui ne sont pas pour cela cousus de billets de banque. — Oh! je te le dis pour la centième fois, entêtée ! ton M. Lerouge n'est pas un petit épicier, comme il veut le faire croire ; il a quelque chose de plus relevé dans les manières et dans les discours qu'aucun homme de ce métier. D'abord, et tu aurais dû t'en apercevoir, il parle trop bien français. Eh ! ma fille ! il n'y a pas un épicier à Paris, qui sache la grammaire ; ils parlent tous comme des maçons, en faisant des cuirs à fournir tous les tanneurs du faubourg Saint-Marceau. Et, en outre, ils ont des façons de parler communes, des expressions qui sentent la cave, l'huile et le fromage d'une lieue, même aujourd'hui qu'on vante tant l'instruction du siècle.... — Ah! ah! ah! vous me faites rire, maman. Quoi! il n'y aurait pas un épicier dans tout Paris qui eût de l'éducation ni de l'instruction? Vous savez pourtant que les parens veulent tous en faire donner à leurs enfans, même parmi les artisans. — Eh! non, fillette. Où diable veux-tu qu'un jeune homme qui a été au collége et qui a un peu de latin aille se faire épicier? Ce sont des paysans, des manans pour la plupart, qui prennent ce sot état. — Ah! est-ce qu'il n'arrive pas qu'un épicier cède sa boutique à son fils? — Eh! non, te dis-je.

Aujourd'hui, l'ambition est si grande chez tous les boutiquiers, qu'ils veulent faire leurs enfans plus qu'eux ; ils veulent faire de leurs fils des chefs de division de ministères, les bouchers des avocats des leurs, les épiciers des bibliothécaires, les limonadiers des chimistes, et ainsi à proportion de tous. Tout le monde aujourd'hui veut monter et sortir de sa sphère, tu le sais bien ; ils appellent cela du libéralisme. — Ma foi, maman, écoutez donc, rien n'est plus monotone et plus pénible que d'être dans la nullité et dans les petites professions. — Sans doute, mais tu ne sais pas, Agoline, que tous les parvenus se disent libéraux et que les libéraux veulent tout avoir et tout dominer. L'argent est à leurs yeux supérieur au mérite, comme aux titres de noblesse. Quand je vois la ladrerie, la vilainie, la cancrerie, la friponnerie d'une foule d'industriels se disant libéraux, cela m'indigne. Tiens! voilà ton épicier, par exemple, eh bien! je parierais ma tête, qu'il pourrait te donner quatre et cinq fois plus, s'il voulait. — Oh! pour cela, je ne dis pas non, surtout, si en effet, comme vous le prétendez, il est quelque grand seigneur du commerce. — Oui, c'est certain. Eh! tu ne sais pas que son père était un grand spéculateur en relation avec ce qu'il y avait de plus célèbre. Il n'y avait pas d'homme plus roué et plus menteur, quoiqu'il ne fût pas plus homme d'esprit que M. Lerouge qui, comme tu le sais, est un homme très-médiocre sous ce rapport. — Comme sous d'autres que vous ne savez pas, maman. — Son fils, toutefois si c'est lui, a un caractère tout différent, un vrai caractère de boutiquier, quoiqu'avec cela, cependant, les façons d'un gros banquier et même quelque chose de plus, car tu ne sais pas qu'il y en a qui pourraient passer pour des princes. — Oh! ce n'est pas M. Ros... au moins. — Non, mais vois M. Laffitte, M. Perrier, M. Ouvrard... tu as vu comme moi ces messieurs dans des assemblées publiques. Ceux-ci font exception. Tous les autres ne sont pas comme eux. M. Lerouge n'a pas reçu de la nature l'air distingué; il a une figure lourde et commune; mais il a dans les manières, dans le langage, je ne sais quoi qui annonce qu'il va dans le grand monde. Mais, ce que tu n'as pas remarqué comme moi, c'est qu'il a des mots distingués, des mots rares, des mots savans qu'un homme de petit commerce n'employe jamais. Par exemple, il parle souvent de *turpitudes*, de *déceptions*, *d'aberrations*, d'*antécédens*, de *collisions* surtout, et même de *collusion*. Il dit à tout propos, c'est *fastidieux*, c'est *captieux*, c'est *insidieux*, c'est *flagrant*, ah!... et une foule d'autres mots et de locutions qui ne sont point dans le vocabulaire des boutiquiers... en détail. Est-ce qu'un épicier peut connaître ces mots-là, Agoline? fût-il même épicier droguiste. Va, pour l'ignorance, les épiciers, les marchands de vin et les cafetiers sont cousins des fruitières, des cordonniers et des maîtres chiffonniers.

— Pourtant, maman, le progrès des lumières!.. On reçoit plus d'éducation que jadis à présent, vous en êtes souvent tombée d'accord vous-même. — J'en conviens, mais les marchands n'ont guères changé depuis cinquante ans, va! ceux mêmes qui font de belles affaires, qui font les insolens, les gros seigneurs, ne sont que des Jourdains nouveaux, ne sont que des vandales qui méprisent l'instruction et tout ce qui est *intellectuel* comme on dit. Tiens, c'est encore un mot de M. Lerouge. — Ah! maman, s'ils n'étaient pas serrés et regardans encore, étant vandales! — Oh! je hais cette classe là, Agoline... mais d'une haine indicible. — Ah! quant à cela, je ne l'aime pas non plus excessivement. On n'en trouve pas un qui soit susceptible de délicatesse, d'attachement pour une femme; ils sont sourds, communs, ou égoïstes, ou impertinens. Ma foi! j'aime encore mieux nos mauvais sujets de Toulouse ou de Marseille. Si Ricardès avait de la fortune, il vaudrait mieux que tous ces gens lá. Malheureusement il n'en a point, et avec cela point d'ordre.— Oh! oui, ma fille, il nous prend pour des vaches à lait et se cramponne après toi comme un limaçon à la vigne. Il finirait même par te tyranniser. — Eh! mais, il n'en est pas déjà sans l'avoir essayé. — Va! va! si nous pouvons arracher quelque bonne aile au prétendu épicier, nous nous procurerons l'indépendance, et cela sans avoir besoin de la proclamer comme les nouvelles républiques américaines. — Ah! que c'est joli l'indépendance! et si cela pouvait aller avec l'amour! Allons! je ne demande pas mieux que de vous aider à l'acquérir. — C'est bien, mais pour cela il faut mettre tout scrupule de côté. — Oui, oui, je ferai tout ce que vous voudrez. — Va! nous ne courons aucun risque, je te jure; ainsi c'est décidé, ma fille, mardi nous essaierons un grand coup.

VIII.

IL y avait déjà huit jours que l'épicier n'était retourné chez l'écaillère, à qui cela paraissait assez singulier sans absolument l'inquiéter, parce qu'il avait dit qu'il ne pouvait prendre d'heure ni de jour pour ses visites, et qu'il lui arriverait de venir deux jours de suite ou d'en laisser passer quelques-uns sans paraître. Il se réservait toujours, dans ces arrangemens, la faculté de pouvoir survenir à tout moment: c'était une finesse, une précaution erotico-diplomatico-commerciale de l'homme. Il croyait ne pouvoir être trompé par une femme qu'il tenait ainsi dans l'incertitude de son absence, quoiqu'il ne crût pas plus à la fidélité qu'à l'amour moral, et qu'il ne se fît pas assez d'illusion, quoiqu'enfin il s'attendît à tout, comme certains maris. Nul sur ce chapitre ne se rendait plus de justice et n'était si peu prévenu pour lui que M. Desforêts. Il ne comptait point être aimé, il ne l'espérait point, il ne le cherchait point; bien plus, il ne voulait point l'être. La chronique rapporte même qu'il quitta une femme quinze ans auparavant, lorsque, étant dans la vigueur de l'âge, il était encore bel homme. Les effusions de sensibilité trop répétées de sa favorite clandestine lui avaient donné des soupçons. Cela n'était pas naturel, s'était-il dit comme cet Espagnol à qui l'on voulait marier une belle et riche héritière, il y a quelque chose là-dessous; c'est comme lorsqu'une femme redouble de caresses auprès de son mari, quand elle sort d'un tête-à-tête avec son amant.

Après avoir quitté sa nouvelle filleule, le premier jour, il s'était dit à lui-même dans la rue: Allons, voilà de la provision : cela va bien soulager cette pauvre madame Desforêts. Ah! que j'aurais bien dû prendre le parti d'avoir trois maîtresses dix ans plus tôt! je n'aurais que six enfans, et c'est bien assez pour quelqu'un d'opulent, car plus on est riche, et moins on doit procréer; c'est la première maxime du sage qui a des millions. Je ne conçois pas à présent comment j'ai pu me donner une aussi nombreuse famille... c'est un faible, c'est une faute, je le sens. Tant d'enfans à établir, à doter, grands embarras! Mais es-tu sûr, mon ami Desforêts, que cette écaillère ne te trompera pas? Hélas! je n'ai pas l'ambition d'être aimé, et si je ne m'en suis pas soucié il y a vingt ans, ce ne sera pas à présent, lorsque j'ai le visage plissé et un faux toupet, que je me teins les favoris et que j'ai les yeux voilés et des babines. Ah! eh! qu'importe!... ouais!... Mais la sécurité sanitaire? diable! diable! c'est inquiétant! Un homme comme moi, dont l'intégrité hygiénique est liée avec le puritanisme des formes de mœurs... avoir, là, un de ces rhumes!... jamais de ma vie je n'en avais eu. Il serait fâcheux que l'on pût dire dans la postérité : « Il avait 55 ans quand cela lui arriva. » Mais cette jeune fille a l'air bien honnête, quoique sans éducation. Allons!.. toujours est-il vrai que je mets ma prudence à de grandes épreuves. De crainte de malheurs, toutefois, il faut que je m'enquière, dès à présent, aux grands chimistes de ma connaissance ; je me suis laissé dire qu'il y en a un qui a découvert une substance, un 52e élément qui était comme une vaccine, comme un chlorure, là... Je ferai venir chez moi Thenard, Gay-Lussac et Serrulas. Que Bonaparte était heureux d'être absolu! une femme n'aurait pas osé l'exposer au typhus, même innocemment, car il l'aurait fait coffrer pour la vie ou exiler. Ah! si je pouvais jamais être roi absolu aussi, moi! comme un bon cul-de-basse-fosse me vengerait de mes ennemis et de la femme assez osée pour me communiquer!.. Libéralisme, liberté, philanthropie, tout cela ce n'est que des mots; il n'y a de positif que le pouvoir...

Une giboulée interrompit ce monologue assez curieux, comme peu d'épiciers en font, si même jamais aucun épicier a parlé ou pensé en monologue. Il n'est pas à dédaigner, et qui sait s'il ne vaut pas mieux dans son genre que celui d'Hamlet ou de Sylla?

— Ton parrain n'est guère empressé de te revoir, dit un matin madame Guettaut à sa fille. — Dame! maman, il a raison; pourquoi se gêner? — Il paraît que tu prends la chose patiemment et que ça t'est ben égal qu'il ne pense pas à toi? — Écoutez donc, si c'était un jeune homme, à la bonne heure, ça m'ennuierait de ne pas le revoir plus tôt, ça c'est vrai; mais que voulez-vous? un homme qui est déjà d'âge... — Ah! c'est juste. Eh ben! moi, ça me serait tout un; je ne regarderais pas à la jeunesse. Quand un homme a de bonnes façons... — Eh! maman, il serait mon père, songez donc. — Sans doute; mais c'est un homme raisonnable qui dit des choses sensées. — Mais ça n'amuse pas, ce qu est si raisonnable et si sensé. — Ah! pardi! voudrais-tu pas avoir affaire à ces jeunes fous, à quelque faiseur de farces! Va, il te rendrait la vie ben dure; d'ailleurs s'il te plaisait plus, il te ferait bien payer l'amusement. — Oh! pour ça, maman, vous avez raison. Aussi je n'aime pas tous ces jeunes messieurs dans le genre de Josselin, d'Ernest, de Casimir; mais j'aimerais, là, un bon garçon ben attaché, attentif... Ah! si j'avais pu!...

Et Joséphine soupirait en disant ces mots.

— Allons, reprit sa mère, tu penses peut-être encore à ce Léonard qui rôde depuis un temps autour de toi, ce peintre de boutique, cet artiste manqué, cette mauvaise tête? — Mais bon cœur, maman. — Ah! pardi! ça l'avance bien. Il n'a pas d'établissement et n'en aura pas de sitôt. — Eh ben ! maman, je ne sais pourquoi j'ai dans l'idée qu'un jour il en aura un beau, qu'il sera riche même. Savez-vous qu'il a du talent, de l'esprit naturel? Ah! il me l'a dit, que, s'il avait été poussé, il aurait fait un artiste distingué, qu'il avait là... comment nomme-t-il donc cela? le feu... le feu du ciel... non, le feu sacré. — Balivernes que ça!... tiens... c'est une bêtise à tous les hommes qui n'ont ni argent ni protections de penser à aller si loin et d'avoir les idées dans le grand, comme ça. J'ai vu toute ma vie qu'un lourdaud, un butord, un sot se tire mieux d'affaire, sait mieux gagner de l'argent et devenir riche que celui qui se monte la tête et veut faire le grand esprit. Il ne craint pas de se mettre un tablier autour du corps et de prendre un balai; il est garçon de boutique quelques années, mais il finit par devenir maître à son tour; il ne lui faut que de la patience. — Tout ça est bon, mais vous avez beau dire, maman, on ne vit qu'un temps et on meurt après avoir bien sacrifié la vie à l'intérêt. — De sorte que tu en tiens encore pour ce Léonard? — Mais... pas trop; je vous ai dit souvent que je l'évitais, que je ne voulais pas le voir, parce que je finirais par l'aimer. — Eh ben! c'est trop ça, vois-tu, je voudrais ne pas te le voir du tout dans la cervelle. Encore s'il était établi. — Ah! oui, s'il l'était! et j'aimerais mieux n'avoir que juste de quoi manger du pain sec avec lui que d'être riche avec un autre. — Ainsi tu aimerais mieux être sa femme que celle de M. Lebrun? — Oh! oui, oui, je te le jure. — Mon Dieu! on dirait que tu as de la répugnance pour ce brave homme. Mais dis donc, Joséphine, est-ce qu'il aurait la bouche mauvaise?

Et sans donner le temps à sa fille de répondre, elle ajouta avec volubilité : — Mais bath! il ne faut pas être si dégoûtée. Si cela est, tu pourras te gargariser d'eau de Cologne. — Non, maman; ce n'est point ça. — Comment! est-ce qu'il aurait un cautère? — Oh! non! et puis je n'en sais rien. — Mais enfin, *c'est y* quelque infirmité? — Non, je ne lui en ai pas vu. — Eh! va te promener! S'il n'a rien de malsain, qu'as-tu à te plaindre? Ne sais-tu pas qu'il y a des femmes qui sont obligées de se violenter pour suppòrter des hommes malingres, goutteux, gâtés et puans? car ces hommes-là sont des enragés paillards; ils veulent avoir des maîtresses comme les autres qui n'ont que vingt ans. Aujourd'hui, les charognes aussi veulent faire l'amour; c'est comme une malédiction. — Maman, M. Lebrun n'est point une charogne; ben du contraire, c'est un homme ben soigné, ben parfumé, ben tenu même.... mais ses manières m'ennuient, s'il faut vous le dire. — Il est peut-être trop tourmentant? — Oh! non, ben du contraire. — Quoi! il n'est pas assez tourmentant? Pourtant il a bonne mine; il est vert. Il ne vaut donc pas mon marchand de chevaux de Guibray à qui il ressemble tant? Ma foi, écoute, c'est un petit malheur. Pour moi, ne l'aimant pas plus que toi, je regarderais ça comme un bonheur. — Non, maman; moi je veux qu'un homme me fasse voir qu'il m'aime, quoique je ne l'aime pas. Lui, il est si posé, si curieux! il passe des heures entières à vous considérer une femme; il a l'air de chercher quelque chose; on dirait qu'il a peur de je ne sais quoi. — Ah! je devine; mais c'est impertinent, ça! Pardi! je lui conseille de se méfier! il n'en trouvera pas une dans tout Paris aussi sûre que toi, ben sûr! Dieu merci! nous ne sommes pas des coureuses; je lui dirai, moi, et....—Oh! non, maman, ne lui dites pas; ça se passera. Mais vous avouerez qu'un jeune homme qui m'aimerait se comporterait tout différemment. — Oui, je suis de ton avis; mais que veux-tu, lorsqu'on a des *accointances* avec un homme pour son intérêt, on est exposé à ben des contrariétés. D'ailleurs tu n'avais guère à te louer de ce M. Baudin, qui est bien plus laid et aussi vieux. — Ah! Dieu! ne m'en parlez plus de celui-là, je ne peux le souffrir, c'est le comble de la répugnance... et il fallait que nous fussions ben gênées.... car je me sacrifie à vous, maman, dans tout ça. — Pauvre enfant! va, ça ne durera pas toujours. — En attendant que ça finisse, j'en vois de dures, maman Est-ce que nous recevrons encore M. Baudin ? — Non, non, ma fille ; je lui donnerai son congé ; qu'il aille se promener, cet usurier qui ne donnerait pas seulement un schall à une femme ! — Nous n'avons plus besoin de lui maintenant. Sans doute, seulement, Joséphine, je crains que l'épicier ne vienne à nous manquer, car, au bout du compte, nous ne savons pas où il demeure; il n'aurait qu'à ne plus revenir ! — Eh ben ! ma finte ! au pis aller, je me remettrais plutôt à ouvrir des huîtres. — Oui ! oui ! tu as raison, et la pratique de ce juif ne vaut pas la peine qu'on fasse un pas pour la garder. D'ailleurs, se voyant renvoyé ainsi, qui sait s'il ne se déciderait pas à faire un grand sacrifice? — Ah ! oui, prenez garde de le perdre ! mais quand il offrirait dix mille francs, ça me serait égal ; j'aimerais mieux, je crois, avoir la colique que de le revoir.

En ce moment on frappa deux coups à la porte.

— Ah ! s'écrie madame Guettaut, justement ! c'est lui, sauve-toi dans l'autre chambre, et je dirai que tu n'y es pas. Va, je vais le recevoir de la bonne façon!

Elle alla ouvrir après cela. En effet, c'était l'individu en question.

M. Baudin était de ces hommes qui n'ont point d'âge, qui n'ont jamais été jeunes, et qui, quoi qu'en ait dit la mère Guettaut, ne paraissent jamais vieux à force d'être maigres et pâles, et vu l'insignifiance de leurs traits, ainsi que l'absence de passion et de vitalité dans leur constitution. La sécheresse de sa physionomie exprimait la sécheresse de son âme ; il suffisait qu'on le vît une fois pour le connaître toujours. M. Baudin était un de ces capitalistes inconnus au public qui décorent l'usure du nom de banque, et doublent leur première mise de fonds en trois ans de temps, tout en ne paraissant prêter qu'à six pour cent ; financiers subalternes qui ne sont jamais plus sûrs de s'enrichir des dépouilles de leurs cliens que lorsque ceux-ci ne peuvent plus les payer. M. Baudin était de ces escompteurs comme il y en a quelques-uns, de ces escompteurs voraces comme les hyènes, impitoyables comme les crocodiles, et avides comme les chacals.

Ce serait mal connaître la nation des compteurs en général que de croire qu'ils n'ont ni vices ni penchans. Ils sont incapables de pitié, de sensibilité, le cœur ne leur bat jamais, ils n'ont point d'émotions, soit, mais ils sont gourmands, sensuels, lubriques comme les autres hommes... dans certains momens. Toute la différence, c'est qu'étant plus maîtres de leurs appétits qu'eux, ils ne se laissent pas plus dominer par l'amour que par la gastronomie. Ils cherchent à se satisfaire en tout au meilleur marché possible, voilà ce qui les distingue du reste des faibles mortels. Aussi se croient-ils bien supérieurs à l'humanité, et, quand vous leur parlez des stoïciens de Rome, des saints de la Thébaïde et des fakirs de l'Inde, ils haussent les épaules. « Nous sommes bien plus courageux pour résister à la sensation, vous diront-ils, et nous ne la satisfaisons que quand nous voulons, ce qui est le nec plus ultra de la sagesse. Certes! Antisthènes, Diogène, Zénon, saint Siméon et saint Antoine n'étaient que de petits garçons auprès de nous!» En effet, ils auraient raison : il y a tel escompteur de la rue Saint-André-des-Arts, de la rue de Bussi, ou de la rue Haute-feuille, qui rendrait à ces grandes célébrités philosophiques et religieuses, cinquante points sur cent à la partie de l'insensibilité et de l'impassibilité. Mais, pour tracer d'un coup le portrait de M. Baudin, il était juif de caractère, d'esprit et de tempérament, s'il était chrétien d'origine et de position sociale.

— Ma fille, lui dit sèchement la mère Guettaut, est à la campagne pour un mois.

— Pas possible! marmotta l'homme aux avals et aux *endos* avec sa petite bouche flétrie, à lèvres minces, car il ne faisait que marmotter comme s'il eût escompté ses paroles. — Ah! j'en suis fâché. Est-ce qu'il lui est arrivé quelque malheur? — Non, monsieur, mais c'est pour son état qu'elle y est allée. — Comment! elle est allée ouvrir des huîtres à la campagne? — Eh! pourquoi pas? Croyez-vous qu'elle faisait fortune à ce coin de rue? — Mais avec ce que je lui donne. — Ah! vraiment, parlons-en, c'est une belle gratification ! on va loin avec cinquante francs par mois à Paris ! — Vous êtes bien revêche aujourd'hui ! mais il me semble que ce n'est pas tant à dédaigner pour des personnes qui gagnent leur vie en plein air. — Ah ! vous croyez peut-être, M. Baudin, qu'on ne vous vaut pas pour ça ! vous êtes ben heureux, vous, d'être à couvert dans votre cabinet à prêter à la petite semaine ! — Vous devenez tout à fait insolente. — C'est que, voyez-vous, nous sommes ennuyées de votre ladrerie. — Il aurait peut-être fallu meubler un appartement de quatre mille francs à ces dames ! — Eh ! pourquoi pas ? nous en valons ben la peine, et vous en avez ben le moyen. Tiens, qu'est-ce donc que vous voulez faire de toute votre fortune? n'ayant qu'une fille unique, encore est-elle étique, vous lui avez bien donné cent mille francs de dot pour la marier à un agent de change, et vous trouveriez trop de faire dépenser six mille francs par an à une brave fille qui vous sacrifie sa jeunesse! — Ah! parbleu! pour une visite que je lui fais par quinzaine. — Voyez un peu! c'est ben digne d'un financier; le plaisant calcul! comme si ça devait se payer à proportion. Il faudrait donc que ma fille, alors, eût une douzaine de bienfaiteurs comme vous. — Je ne dis pas le contraire, madame Guettaut, mais les temps sont durs, et voilà deux faillites que je viens d'essuyer. — Oh! qu'est-ce que ça nous fait à nous? Vous serez encore assez riche : qu'est-ce que c'est que trois cent mille francs dans un portefeuille comme le vôtre? Encore une fois, si vous avez donné cent mille francs à votre fille, vous pouvez ben donner onze mille francs à votre bonne amie. — Ah! ah! ben oui, ma fille est d'un rang dans le monde.... et c'est ma fille. — Voyez un peu, à cause de ça, il faut que la mienne manque de tout, même en faisant votre agrément, parce qu'elle n'est pas du même rang, comme si... — Ah ça, tenez, abrégeons; j'apporte les 50 francs, en voulez-vous? — Non, grand Dieu! remportez votre aumône ; ma fille n'a que faire de vous recevoir pour si peu. Si vous voulez vous charger de son sort et lui donner 500 francs par mois, à la bonne heure.—Par la corbleu! 500 francs par mois! jamais de ma vie je n'ai tant dépensé en si peu de temps pour aucune femme. Adieu, adieu, je ne suis pas votre fait. — Adieu, généreux M. Baudin qui voulez tout avoir pour rien; bon voyage!

La brave femme s'applaudit d'avoir ainsi congédié l'escompteur, et dit à sa fille: — Va, s'il eût consenti à ce que je lui ai demandé, tu aurais pu être plus heureuse qu'avec l'épicier. — Oh! maman, vous avez eu tort; pour soixante mille francs par an, je ne voudrais plus de sa connaissance. Il y a long-temps depuis qu'il m'ennuie pour la première fois. — Mais, dis donc, pourtant, s'il y consentait, tu pourrais faire la loi à l'épicier. — Non non, j'aurais trop peur de voir celui-ci abandonner la place; car quoiqu'il ne me plaise pas beaucoup, je l'aime encore mieux que ce hareng soret de M. Baudin; de deux maux, il faut prendre le moindre, comme a dit ct'autre. — Il est vrai, hélas! j'étais aussi comme toi étant jeune, voilà pourquoi je ne suis pas devenue riche. Au reste, ce n'est pas une grande perte, il n'y a rien de bon à espérer avec un pareil fesse-mathieu; il n'a pas plus de sentiment dans le cœur que de sang dans les veines et de graisse sur les os; c'est folie que de nous exposer à la jalousie de madame Baudin qui est aussi juive que lui. Mon Dieu! comme il y a donc des avares à Paris! Je n'aurais cru ça avant d'y venir. On n'est pas généreux dans mon pays même, c'est vrai; on y aime un peu trop le bien d'autrui, et on y trouve *tout plein* de gens qui ont les mains croches; mais ils n'approchent pas encore des vilains de Paris. C'est étonnant le grand nombre de crasseux qui habitent dans cette ville qui passe pour être si dépensière! de crésus qui se privent de tout comme s'ils craignaient de mourir de faim, de ladres qui veulent tout avoir à vil prix, même les jolies filles. C'est surtout quand on a affaire à ces banquiers de la petite semaine qu'on est malheureux. Ils vous verraient guillotiner plutôt que de donner vingt sous pour vous sauver la vie. Ils ne cherchent qu'à tirer parti de vous de toutes façons; ils vous disputent votre salaire; ils ne manquent pas de profiter de votre misère pour vous faire la loi, et pour avoir vos meubles, votre bien, ou même votre personne pour rien. Va! on ferait toute la Normandie qui ne manque pourtant pas d'usuriers, de gens qui tondent les œufs et distillent les marrons d'inde, qu'on n'en trouverait pas un comme ce M. Baudin. Aussi avait-il saisi ben vite l'occasion d'un moment critique où l'on allait vendre nos effets pour le loyer, car sans ça je n'aurais jamais voulu qu'il te fût de rien. Faites donc jaser sur votre compte pour un vieux chevreuil comme ça!

—Mais avec tout ça, maman, répondit la jeune et docile Joséphine, je vais donc devenir tout à fait ce qu'on appelle..... une femme entretenue?

— Pardi! quand ça serait! crois-tu que cet état là n'en vaut pas un autre, lorsqu'on le fait honnêtement? — Avoir des hommes qui ne sont pas à vous, être leur maîtresse, ce n'est pourtant pas de l'honneur tout ça, maman. — Bah! de l'honneur, aujourd'hui, on ne le met plus que dans les écus; c'est la richesse, Joséphine, qui justifie tout. Ne vois-tu pas tous les jours des dames ben considérées, à qui tout le monde fait la cour? et qui pourtant sont les plus grandes rouées! qui en font porter à leurs maris!.. C'est histoire de forme tout ça, vois-tu. Les riches imposent la morale aux pauvres, et eux se croient tout permis. Y a de par le monde telle femme qui en sait plus à elle seule que quatre femmes entretenues ensemble, et qu'on respecte, qu'on cajole encore, chez qui les conseillers, les messieurs du gouvernement vont dîner, et ça, parce qu'elle a un mari qui lui sert de chapeau. — Oh! mais, on la méprise tout de même, sans doute. — Eh! non, mon enfant, on la considère beaucoup, au contraire. Elle a trois ou quatre amans à la fois, eh ben! c'est égal, elle se fait dame de charité, et de passer tout aussitôt pour une femme respectable; les gens du beau monde ne parlent que de son amabilité, et ceux du commun de ses vertus. Tu as entendu parler, étant petite, de cette femme d'agent de change dont l'amant a tué le mari en duel; sur huit enfans, elle en avait cinq qui n'étaient pas du défunt; ça n'empêchait pas qu'on ouvrait tout de même les deux battans pour elle, quand elle se présentait dans un salon ou dans un bureau. —Cependant, maman, vous savez comment madame Thomas, cette grosse fruitière de la halle qui est si svelte, comme ils disent, a été regardée pour avoir été cause que son mari s'est tué par suicide, pour l'avoir trouvée au lit avec son galant. Vous savez bien que toutes les autres fruitières l'ont honnie, et que les femmes des parapluies du marché l'ont agonie, et ça, au point qu'elle a été obligée de quitter sa boutique. — C'est vrai, mais songe donc que ce n'est pas là une femme du grand monde, et que quoique ben à son aise, elle n'était pas assez riche pour braver le qu'en dira-t-on. Va, mon enfant, dans le monde, la conduite des gens n'est blâmée qu'à la proportion de leur fortune, c'est comme les paroles; les bêtises que lâchent les gens qui ont de l'argent sont applaudies, tandis qu'on se moque des gens d'esprit qui n'ont pas le sou. — Ah! c'est différent, je ne savais pas ça moi, je suis encore toute jeune. — Puis, vois-tu, y a ben plus d'honnêteté à la halle que dans le grand monde. Aussi les femmes y ont une réputation à perdre et sont ben plus à leur ménage. Au lieu que chez les femmes de seigneurs, de banquiers et même de notaires, elles ne font rien du matin au soir, que recevoir les visites des messieurs adorateurs. — Aussi, maman, le métier de femme entretenue est ben plus scabreux dans notre classe, et si je venais à être affichée une fois, je suppose, tout le monde me jetterait la pierre. — Ce n'est plus la même chose, Joséphine, tu n'as pas de boutique à conserver; ainsi tu peux te passer de l'approbation des autres. — Mais l'estime publique? — Bah! ce n'est bon que pour ceux qui ont de quoi vivre. Te donneront-ils à dîner? paieront-ils ton loyer toutes ces langues dorées qui distribuent l'estime? Bon pour ceux qui sont obligés de rester là, fixes dans un quartier avec les mêmes voisins; mais ceux qui peuvent déménager, ils vont dans un autre ben loin, et ni vu ni connu je t'embrouille. Combien n'y en a t'y pas sur qui il n'y a rien à dire, et pourtant qu'on ne salue seulement pas, parce qu'elles sont pauvres ? Tu deviens femme entretenue, un supposé, eh ben ! tâche de t'enrichir comme les autres un jour, et tu seras estimée et saluée à ton tour.... après avoir changé de quartier. — Oui riche ! que j'aie seulement de quoi vivre, c'est là l'essentiel, et je ne demanderais pas mieux que de mettre de côté ; mais ce n'est pas avec ce que me donne mon parrain que je peux le faire. — Patience, il l'augmentera un jour. — Oh ! ce sera peut-être ben long ; il ne paraît guères d'humeur à nous enrichir ; il parle toujours de ménager, et il dit qu'il n'est pas riche. — Ah ! oui, plus souvent qu'y n'est pas riche ! Moi, je crois qu'il se masque, et que c'est un gros richard. Tâche toujours qu'il te prenne en affection, et tu verras qu'il finira par se laisser aller et te donnera tout ce que tu voudras ; mijote-le bien en attendant. — C'est ben ennuyeux, maman, tout de même, que de mijoter un homme qu'on n'aime point, c'est là les épines du métier.... de femme entretenue. — Ah ! dame, tu voudrais gagner de l'argent en t'amusant, et n'être jamais contrariée.

La conversation fut bien plus longue entre madame Guettaut et sa fille que nous ne pourrions la rapporter. Elle l'est déjà assez pour beaucoup de lecteurs, qui se seront peut-être d'ailleurs scandalisés des propos familiers et intimes de ces deux femmes. Quelques-uns même auront pu trouver hardies les idées de sa mère. D'autres peuvent regarder de pareils dialogues comme hors des convenances. Mais, leur répondrons-nous, la manière de voir de la mère Guettaut ne choque pas plus la morale que les actions et les discours que l'on prête, dans tous les ouvrages du siècle, à des personnages dépravés. Ce n'est pas pourtant une femme sans mœurs, que cette femme là; seulement elle conçoit les mœurs à sa manière, elle les soumet à l'intérêt, ou plutôt à la nécessité de sa position pécuniaire. Elle a adopté des idées de vice et de vertu qui ne sont pas reçues en apparence dans le monde social, mais qui n'en sont pas moins en circulation dans une classe nombreuse de gens qui les suivent sans les avouer. Qui oserait me soutenir qu'aujourd'hui, grâce au matérialisme des doctrines du jour, que tous les principes de conduite de l'immense majorité des individus de toute espèce qui composent cette tourbe qu'on nomme *société*, ne sont pas subordonnés à des considérations d'argent et de fortune? La mère de notre écaillère, femme de marché, exprime crûment sa façon de penser, il est vrai; mais ne devons-nous donc, nous historiens fidèles, rapporter que des discours étudiés, mesurés? La bienséance doit-elle aller jusqu'à affaiblir les traits caractéristiques dans les endroits qui doivent de préférence faire connaître les personnages en dévoilant leur ame? Il faut peindre avant tout, et la seule chose qu'on puisse exiger du peintre c'est que son pinceau ne soit ni grossier, ni obscène.

IX.

En l'absence de sa mère qui était sortie pour affaire de ménage, Joséphine entend frapper à sa porte. C'est sans doute mon parrain, pense-t-elle. Elle va ouvrir, grande surprise! c'est Léonard. Le renvoyer exigerait plus de courage et de présence d'esprit qu'elle n'en a; elle est interdite à son apparition. Entrer et refermer aussitôt la porte lui-même, est pour lui aussi facile en ce moment que s'il y était accoutumé, et c'est pourtant la première fois qu'il fait une visite à domicile à la ci-devant écaillère. Le jeune homme prend même une chaise, et s'asseoit sans en attendre l'offre de sa Joséphine. Elle lui fait cette question banale : Qu'est-ce qu'il y a pour votre service, M. Léonard? » Il lui répond qu'il a quelque chose à lui communiquer, ce qui est presque aussi banal. — Nous ne nous *avons* jamais parlé que dans la rue ou dans une salle du marchand de vin fréquentée de tout le monde, lui dit-elle un peu revenue à elle.

— Joséphine, lui répondit le jeune homme, nous n'avons eu jusqu'à présent que des conversations qui ne conduisaient à rien, quoique j'y aie basardé l'expression de mes sentimens pour vous. Que j'ai regretté que vous vous soyez refusée à contracter avec moi des engagemens, fussent-ils même du terme le plus éloigné ! Il y a long-temps que je vous aime pour vos qualités morales, comme pour vos qualités physiques. — Mon Dieu ! j'ai bien peu d'esprit. — Vous vous rabaissez trop, Joséphine. La nature vous a douée d'une intelligence qui n'avait besoin que de culture, et qui n'est point en désaccord avec votre belle conformation, car vous n'êtes point de ces femmes à formes épaisses qui semblent n'avoir reçu la taille qu'aux dépens de l'esprit. Votre personne est colossale, mais gracieuse; les traits de votre figure, tout en n'ayant pas la mobilité de ceux de quelques femmes, indiquent pourtant une certaine aisance d'esprit. — Ah! M. Léonard! c'est la faute de ma mère si je n'ai pas reçu un peu d'éducation. Accoutumée à vivre dans le bas étage, elle a toujours cru que sa fille n'avait besoin que de savoir gagner sa vie. — Oh! vous pourriez ajouter aussi qu'elle était trop occupée de ses plaisirs. — Ah! je ne peux pas vous dire çà, moi, il ne m'appartient pas de critiquer ma mère. — Bien! bien! voilà une réponse admirable, et qui prouve combien vous avez de ce sens naturel, qui fait comprendre ce qui est bon ou convenable. Cela me fait regretter vivement, chère Joséphine, que vous n'ayez pas été plus cultivée. — Oh! mais écoutez, M. Léonard, je ne suis pas encore ignorante là, comme une vachère; je n'écris pas mal, et je mets un peu l'orthographe; il n'y a que les beaux mots, les mots distingués qui m'embarrassent, parce que je ne suis pas accoutumée à causer avec du beau monde, ou avec des gens instruits. Ben sûr que *ce n'est pas* les hommes ou les compagnies pour qui l'on ouvre des huîtres chez un marchand de vin qui vous apprennent de l'éducation.

A propos, interrompit ici Léonard, voilà quelques jours que vous avez cessé de paraître à la boutique de la rue de Paradis; on m'a dit que vous ne vouliez plus y retourner, et que vous renonciez non-seulement à desservir cette maison, mais même à la profession d'écaillère.

Ah ! ce n'est pas faux, répondit Joséphine avec contentement, j'y ai renoncé tout-à-fait. — Oserai-je vous demander si vous avez trouvé quelque chose de mieux, et si je dois vous faire compliment ? — Oh ! de compliment, non ! ce serait une contrariété pour moi. De vrai, j'ai trouvé quelque chose, et sans que ce soit bien là à me rendre heureuse, c'est toujours mieux que d'être écaillère, car ce métier là m'ennuyait terriblement. Je crois que je n'ai pas reçu de..... comment appelle-t-on ça ? de voc... de vocation. c'est ça, pour être une bonne marchande d'huîtres. Je vais rester quelque temps à la maison où je travaillerai jusqu'à ce que ma mère ait réussi à me placer comme y faut.

On nous a déjà promis qu'on nous mettrait à même de nous établir, de prendre quelque boutique.

On voit ici que, bien que dénuée d'éducation, notre écaillère savait cependant prendre une tournure d'expression pour masquer sa situation sans mentir essentiellement.

Bon dieu! Joséphine, répondit Léonard, si vous aviez voulu prendre des engagemens même sans parole positive avec moi, vous auriez par la suite pu être établie comme toutes les autres femmes dont bien peu vous valent. — Oui, par la suite, comme vous dites; mais *un par la suite* c'est ben long souvent. — Ah! c'est toujours quelque chose que d'avoir une perspective? — Qu'est-ce que ça veut dire, ça?

Eh! repartit Léonard, en riant

de cette ignorance ingénue, je veux dire un avenir. —Ah ! oui, bon de l'avenir! et quand? dans cinq, six, huit, dix, quinze ans? Mais il faut vivre en attendant. — Voyez comme je fais moi, j'attends. — Pardi! vous, un jeune homme, ce n'est pas sorcier, vous êtes peintre de votre état. — Je ne suis encore que barbouilleur. — Oh ! oui, qui a du talent; mais c'est égal, vous sortez de la troupe, vous gagnez toujours pour vous, mais allez donc prendre une famille avec ça. — J'en conviens, je n'ai ni fortune, ni établissement, et je n'ai encore que mon état qui même ne m'a pas jusqu'à présent fait sortir de la dépendance; je suis un peu plus qu'un ouvrier, mais pas encore un maître, c'est vrai. —

Eh ben! M. Léonard, je suis fâchée de vous le déclarer, vous êtes un bon enfant, un jeune homme qui a de l'esprit, qui est actif, alerte et instruit, vous me conviendriez peut-être, si vous étiez, comme vous dites, un maître en quelque chose, vivant d'un établissement, ou avec des rentes, enfin. Tenez, s'il faut que je vous le dise, je ne veux plus être dans la classe des femmes qui gagnent leur vie, ni appartenir à un homme qui ne soit pas dans les *messieurs*. Vous direz que je suis ambitieuse, mais c'est comme ça.—Non, non, je ne blâme pas cette ambition. Parbleu! il n'y a pas de livre là haut où il soit écrit, que celui-ci ou celle-là qui est de l'espèce humaine, soit obligé de rester au dernier rang ou dans le commun. Il est permis de chercher à s'élever. Eh! j'ai cette ambition là aussi, et c'est même ce qui m'a nui, parce que, me sentant fait pour être au-dessus de la condition où je suis né, et m'étant raidi cent fois contre l'oppression, soit du gouvernement, soit de la société, qui tous deux, veulent forcer celui qui a l'âme fière, à rester dans ce qu'on appelle la bassesse ou dans la boue, je me suis fait regarder comme un être turbulent, et même un mauvais sujet, ce qui est bien certainement à tort.

Oh! pour ça, s'écria avec naïveté Joséphine, je ne vous ai jamais cru foncièrement tel, M. Léonard; vous savez que je vous ai toujours rendu justice là-dessus. —Vraiment, Joséphine, vous me faites une belle grâce. Sincèrement!... dites-vous; mais je ne le suis pas du tout. Auriez-vous pu croire, ni même soupçonner que parce que j'ai la tête chaude comme un Picard, que je suis impatient comme un Breton, et que la vue seule des sots qui sont riches ou qui ont du pouvoir me fait sortir des gonds, auriez-vous pu comme le commun des martyrs et des petits esprits croire que j'étais un mauvais sujet? — Je sais bien qu'on vous en a voulu parce que vous aviez la parole trop hardie. Vous aviez peut-être raison, M. Léonard, mais il faut prendre patience dans le monde, et souffrir ce qu'on ne peut empêcher. Moi-même j'aurais ben été obligée de continuer à ouvrir des huîtres pour des polissons qui me tarabustaient, si je n'avais pas trouvé à m'en passer. — Comment ! vous avez vraiment trouvé quelque chose de bon ?

— Eh ! je veux dire.... reprit Joséphine un peu déconcertée... que j'espère trouver... voilà...

— Hum ! Joséphine, vous ne me dites pas tout, j'en suis sûr.

— Mais, répliqua-t-elle encore un peu plus déconcertée, si fait si... M. Léonard.... je vous dis tout..... tout. — Je crains bien, chère Joséphine, que vous n'ayez mordu à l'appât de la richesse, s'il faut parler avec figure, et que l'attrait de l'aisance ne vous entraîne et que vous ne vous jetiez dans une mauvaise route. — Mais... pourquoi... pas du tout.

Là-dessus Léonard poussa un grand soupir et devint rêveur quelques minutes. — Je ne sais pourquoi, reprit-il avec un peu de tristesse, j'ai de fâcheux pressentimens sur votre compte. Joséphine! Joséphine, vous vous égarez, je le parierais.

— Non, non, s'écria d'une voix incertaine Joséphine, on ne peut plus embarrassée, je ne m'égare pas; vous auriez tort de le croire.

— Tenez, reprit Léonard en frappant sa poitrine, j'ai là quelque chose de douloureux qui semble me dire que vous vous êtes sacrifiée.... Oh! vous êtes dans une mauvaise route, je vous le répète; vous avez quelqu'un, là... pour trancher le mot.

— Moi! répliqua l'écaillère en balbutiant, mais... non, je n'ai personne,.. je vous assure.

Et elle rougit, tant elle était troublée.

— Ah! reprit Léonard avec un grand sang-froid, votre émotion vous trahit, Joséphine. Écoutez, venons au fait, et ne déguisons plus rien. Il y a deux ans et demi que je vous aime... là.... tendrement. Il faut que je vous le déclare positivement, car jusqu'à présent je vous avais fait la cour, mais sans vous presser, sans vous faire de propositions, n'ayant ni argent ni fortune pour vous prendre en mariage, ou de toute autre façon. Désespéré de ne pouvoir vous attacher à mon sort par un lien quelconque, j'ai erré, j'ai changé d'état, j'ai fait des folies, et c'est par chagrin que je me fis soldat. Je ne suis pas assez insensé pour croire que n'ayant de relations intimes ni d'engagement formel qui vous attache à moi, vous n'ayez déjà disposé de vous, surtout sous la direction d'une mère peu scrupuleuse...

— Oh! interrompit Joséphine de plus en plus troublée et émue..... mais non... vous vous trompez... je n'ai pas vu d'hommes... comme vous voulez le faire entendre... — Tenez, Joséphine, je ne m'abuse pas là-dessus; je suis loin de vouloir dire que vous ayez connu l'amour, mais bien certainement vous avez cédé à celui que vous avez inspiré : que dis-je? c'est à l'intérêt que vous avez cédé, je veux bien le croire, même à la nécessité, et surtout à l'influence de celle sous qui la nature vous a placée. Je suis franc, comme vous voyez, et j'ajouterai que je n'ignore pas que votre mère a disposé de vous..... Enfin qu'elle en dispose encore... — Mon Dieu ! monsieur Léonard, que vous êtes donc chagrinant et disposé à croire le mal !...

En disant ces mots elle rougissait comme l'écarlate et devenait tout-à-fait confuse de se voir mise ainsi à découvert ; mais ce n'était pas de cette confusion produite par les remords que sont susceptibles d'éprouver ces filles qui, ayant reçu une éducation morale ou religieuse, ayant été enseignées à avoir des mœurs et de l'innocence, sont susceptibles d'envisager une faute du cœur, où la perte de leur vertu comme un crime. Joséphine avait été élevée avec trop peu de soin par une mère qui elle-même l'avait été fort mal, et qui lui faisait oublier, comme elle l'avait fait dans les fonctions d'écaillère, les notions morales de la conduite privée d'une femme, que le sens naturel seul lui donne quand elle n'est pas abandonnée aux habitudes d'une galanterie presque licencieuse. L'intérêt pécuniaire et la santé étaient les deux seuls principes régulateurs des mœurs que madame Guettaut avait suivis depuis son âge nubile, et partant qu'elle avait fait suivre à sa fille. Être honnête, pour une femme, n'était, suivant elle, autre chose que de ne pas jouer de tours à un homme et ne pas prodiguer ses charmes; être sage, c'était s'en tenir à un seul amant. Élevée dans une classe où l'on n'était occupé qu'à *gagner sa vie*, Joséphine savait à peine distinguer les liaisons légitimes des liaisons illégitimes, et si elle désirait d'être mariée, c'était uniquement parce que cet état lui offrait un avenir de fixité et de bonheur que des relations d'amour temporaire ne pouvaient lui assurer.

Léonard Véfort, son adorateur de première date, mais seulement en paroles, qu'elle n'avait pas encore reconnu comme tel, quoiqu'il fût doué d'esprit naturel, d'un cœur chaud, et d'une certaine noblesse de caractère, était à peu près au mêm degré d'ignorance qu'elle des vieux principes de vertu et de mœurs enseignés plus ou moins soigneusement et trop souvent pour la forme à la jeunesse bourgeoise des deux sexes. Il avait été élevé de son côté aussi grossièrement que Joséphine, par des parens de la classe ouvrière; son père était garçon menuisier, et sa mère revendeuse. S'il avait plus d'instruction qu'une foule de jeunes bourgeois qui ont passé dix ans au collège et qui ont eu des maîtres de toute espèce, c'est qu'ayant reçu de la nature une aptitude extraordinaire, il avait appris différentes choses de lui-même. C'est ainsi qu'il savait bien écrire, la grammaire et un peu de dessin, et qu'ayant lu indistinctement tous les livres qui lui étaient tombés sous la main, comme il arrive à tous les enfans négligés, il avait pris une teinture de physique, d'histoire et de littérature dont il avait quantité de lambeaux et de traits dans l'esprit, ce qui l'avait aidé à penser par lui-même sans trop de divagation.

En outre, Léonard avait lu beaucoup de livres qui auraient pu le mener au libertinage s'il n'avait pas eu un caractère plus porté à l'exaltation qu'au plaisir. Il était né pour les sentimens énergiques et les actions passionnées de tout genre; mais il était trop peu efféminé d'âme et de corps pour se blâser, même avec un tempérament ardent, dans les jouissances purement physiques où donnent aujourd'hui l'immense majorité des jeunes gens. Léonard, avec cette exaltation qui lui était naturelle et qu'il alliait à des mœurs du commun, avait l'orgueil de vouloir être quelque chose, et c'est ce qui l'avait fait partisan effréné des idées appelées libérales.

Bien qu'il eût conçu un amour véhément pour Joséphine, il n'était pas animé de cette jalousie d'amour-propre qui appartient à des amans distingués ou exclusifs. Il ne croyait pas avoir droit de demander compte de sa conduite à une femme qu'il venait à aimer, et il était si peu susceptible dans son opinion sur Joséphine, qu'au moment même où il était venu lui faire visite, il était persuadé d'avance qu'elle voyait quelqu'un, et tout prêt néanmoins à l'épouser si cela eût été possible.

On nous dira que c'était un garçon bien peu délicat, et on nous blâmera peut-être d'avoir mis en scène deux personnages tels que l'écaillère et lui. A cela nous répondrons que ce sont des personnages réels, ainsi que l'épicier, qui ont existé ainsi que lui, qui existent peut-être encore, qu'ils sont historiques et contemporains, que ce ne sont pas des personnages d'invention, comme cette histoire n'est pas une histoire fantastique.

—Mais, répondit Léonard, ce n'est point un si grand mal, Joséphine, ne vous en défendez pas tant; vous êtes maîtresse absolue de vous, je n'ai par malheur encore obtenu aucun droit sur votre personne, je n'ai pas celui de trouver à redire à vos actions, et je vais même vous faire un aveu ; c'est que je n'en suis pas moins amoureux de vous à la folie.

— Est-il bien vrai, s'écria Joséphine transportée, quoi! M. Léonard, vous m'aimez tant, tout en croyant que d'autres m'ont été de quelque chose, et même que je reçoive quelqu'un à présent? — Oui, chère Joséphine, et plus que jamais. — Quoi! l'on vous dirait là... que j'ai été la bonne amie de M. Auguste, de M. Frédéric, de M. Alfred, que vous m'aimeriez tout de même? — Oui, vous dis-je, et je ne m'en inquiéterais pas si vous deveniez ensuite la mienne pour toujours.

Ah! Dieu! Dieu! s'écria-t-elle avec effusion et franchise, tenez! j'en suis toute honteuse; je ne veux pas faire la bégueule avec vous, j'ai eu des fréquentations avec quelques-uns, depuis au plus deux ans. — Eh là, je le savais bien, et je vous sais bon gré de votre sincérité, Joséphine. Allez, je ne vous en aime pas moins; toutes ces jalousies d'hommes, plus pétris de vanité que de sentiment, m'ont toujours semblé ridicules. Lorsqu'on est amoureux d'une femme mariée, ne sait-on pas qu'elle a des intimités avec son mari? Eh bien, cependant, on s'accoutume à cette idée, et on partage la femme d'un homme avec lui, sans croire manquer à la délicatesse de sentiment; mais qu'importe qu'elle soit légitimement à un autre, c'est toujours un partage, et la délicatesse n'en souffre pas moins. Mais je ne vous aime point, moi, Joséphine, pour vous partager; je ne pourrais même me faire à cette idée; seulement, je ne m'occupe pas du passé, et je voudrais vous avoir à moi seul pour l'avenir, parce que je voudrais vous avoir pour toute la vie.

— Vraiment, Léonard? s'écria encore la jeune fille aux fréquentations avec un enthousiasme croissant. Ah! que vous êtes un aimable garçon! Eh bien! moi, tenez, j'aimerais ben aussi à être à vous, s'il faut que je vous le déclare. — Ah! Joséphine, vous me ravissez de joie; enfin vous voulez donc bien convenir que j'ai eu le bonheur de vous plaire? — Oui, Léonard, et à présent que je vois que vous êtes si bon enfant, je me sens disposée à vous aimer comme vous m'aimez..... à la folie... et je serais votre femme ou votre bonne amie de bien bon cœur, si je pouvais. — Grand Dieu ! Joséphine, que vous me comblez de joie ! — Hélas ! Léonard, en sommes-nous plus avancés ? tant que vous n'aurez pas un établissement de maître ou du bien, que vous ne pourrez pas vivre parmi les bourgeois, nous ne pourrons être l'un à l'autre d'aucune façon. Il faut que nous vivions ma mère et moi, là, il n'y a pas à dire, et c'est pour cela qu'il faut que je sois... vous m'entendez... obligée de recevoir des bienfaits. — Écoutez, Joséphine, je ne puis défaire ce qui est fait, ni empêcher que vous n'ayez été ou ne soyez à quelqu'un ; c'est une suite de votre situation, de votre dépendance d'une mère, de votre jeunesse même. Je ne vous crois pas pour cela indigne d'être à moi qui n'appartiens pas plus que vous à ces familles bourgeoises où l'on peut tenir une jeune fille intacte de tout commerce avec les autres hommes afin de la livrer neuve et pure à celui qui doit l'épouser ; je vous aime avec autant d'ardeur, parce que, du reste, je crois que votre cœur est encore à donner si votre personne ne l'est plus. — Oh ! oui, je vous le proteste, monsieur Léonard, je n'ai encore aimé qui que ce soit, et je suis comme une jeune femme qu'a épousé un homme d'âge. — Eh bien ! je serai trop heureux si j'ai trouvé en vous une Manon Lescaut.

A ces mots, Joséphine ne manqua pas de demander ce que c'était que cette Manon. Une écaillère peut plus que toute autre prétexter cause d'ignorance sur le roman de l'abbé Prévost. Léonard le lui expliqua et ajouta : — Comme vous voyez, c'est un peu votre histoire et peut-être la mienne. Il n'y a que les gens qui ont de la fortune ou de l'argent, qui ne sont pas obligés de vivre en agissant contre leurs penchans. Sans doute si vous aviez de la richesse vous n'auriez voulu appartenir qu'à un homme qui vous aurait plu ?— Oh! oui, ben sûr, monsieur Léonard; mais à quoi ça servira-t-il de nous aimer si nous ne pouvons jamais nous réunir? ça ne fera que nous donner de la peine. Hélas! nous avons même ben tort de nous parler ainsi d'amour, ça ne nous donnera que des regrets; moi, j'en vais être toute chagrine, et Dieu sait quand nous pourrons nous mettre ensemble! — Eh bien! apprenez, Joséphine, que d'un moment à l'autre je peux faire votre sort avec le mien. — Pas possible! — Très-possible : j'ai deux tantes très-vieilles et très-avares, qui sont en Bretagne, et qui doivent me laisser chacune quarante mille francs. Il y en a déjà une qui est malade, et peut-être dans deux ans, dans un an, dans deux mois, que sais-je! je puis hériter. — Ah! mon Dieu! quel bonheur si cela arrivait bientôt! — Enfin, nous avons au moins l'espérance, et c'est quelque chose, chère Joséphine; mais quelle douleur pour moi de vous savoir en ce moment au pouvoir d'un autre! — Hélas! oui, et d'un homme qu'on n'aime point. — Est-il jeune ou vieux? — Ni l'un ni l'autre; cependant il tire un peu vers la vieillesse. — Ah! tant mieux; mais que je suis fou! dès que vous ne l'aimez point, que m'importe! Quel est-il donc? mais non, autre sottise; que vous demandais-je? pourquoi chercher à savoir ce qui est désagréable?..... Ah! si la raison ne me retenait, je serais d'une jalousie, d'une fureur.... — Ah! monsieur Léonard, vous m'effrayez; donnez-vous-en bien de garde, quoi! vous qui étiez si raisonnable il n'y a qu'un instant! — Non, non, chère Joséphine, rassurez-vous; allez, j'ai de la raison si 'ai beaucoup de passion. — Mon Dieu! je tremble, s'il allait venir! et maman qui va rentrer! — Oui, je vais vous quitter, Joséphine; mais ne pourrais-je donc vous revoir de temps en temps? — Hélas! je ne sais pas comment nous ferions, car il y aurait du danger à nous revoir ici, et...

En ce moment arriva justement la mère Guettaut, de retour depuis deux heures d'absence. Elle connaissait Léonard de vue, et lui avait même interdit la porte depuis qu'elle savait qu'il rodait autour de sa fille, et elle avait défendu à celle-ci de le recevoir, ni d'avoir des entretiens avec lui. Le jeune homme lui fit une espèce de compliment et allégua quelques motifs vagues pour justifier sa visite; mais la mère Guettaut, dont la figure s'était renfrognée aussitôt qu'elle l'eut vu, et qui, sans être insolente, avait la franchise de parole des femmes du marché, lui dit nettement : — Monsieur Véfort, je ne veux pas que ma fille vous reçoive ici, vous voie ni vous écoute : vous n'êtes pas fait pour elle, et elle a à ménager des choses qui sont trop *conséquentes*, dont vous ne pourriez pas la dédommager.

— Mais, madame Guettaut, je serais bien fâché de lui faire du tort, elle le sait ; je pense mûrement, et je la recherche seulement pour l'avenir ; je viens de lui apprendre que j'avais une fortune et même deux à espérer qui peuvent m'arriver bientôt.

— Oui, maman, s'écria Joséphine,

il a deux tantes qui doivent lui laisser chacune 50 mille francs, et vont mourir bientôt ; il y en a déjà une de malade.

— Ah ! c'est différent, répondit la mère radoucie.... eh ben ! nous verrons quand çà arrivera, dans le temps comme dans le temps. Mais, mon ami, c'est égal, je vous le dis là avec franchise, ma fille ne peut vous promettre de vous attendre, elle est obligée de disposer d'elle, en ce moment même ; nous ne voulons pas vous faire de *cachoterie*, afin que vous ne vous berciez pas inutilement. Ainsi après çà, c'est à savoir si vous voudrez encore d'elle. Elle ne vous a pas pu le dire, elle ; mais moi je ne veux point vous laisser vous abuser là-dessus.

— Oh ! mon Dieu, maman, interrompit Joséphine, je le lui ai presque avoué.

— Oui, je sais tout, répliqua Léonard, il faut bien que je souffre ce que je ne peux empêcher, comme nous l'avons dit, elle et moi, et je l'aime avec tant de passion, que je ne peux ni me décourager, ni me rebuter à cause des liaisons communes où son intérêt et le vôtre l'ont engagée, quelque mal au cœur que cela me fasse.

—Ah! d'après ça, reprit madame Guettaut, je ne vous en veux plus, je vous trouve un excellent garçon, même un garçon d'esprit, et Dieu m'est témoin que si vous aviez un état à gagner ben de l'argent, si vous aviez de la fortune comme certains messieurs du quartier qui ont voulu en conter à ma fille, j'aurais été la première à vous la donner. Oh! ça aurait été tout seul!

— Ainsi vous êtes donc mieux disposé en ma faveur? — Oui, M. Véfort, je me raccommode avec vous, mais à une condition. — Laquelle donc? — C'est que vous ne reveniez pas ici de sitôt, parce que, voyez-vous, il peut s'y trouver quelqu'un qui ne vous voie pas avec plaisir, et je serais fâchée que ma fille lui donnât le moindre ombrage. La personne croirait ce qui n'est pas, et ça nous ferait tort. — Oh! madame, je le sens bien, aussi je ne veux pas vous compromettre, surtout ne pouvant vous dédommager pour le moment. — Allons! eh ben en attendant, mon garçon, allez-vous en, on pourrait arriver en cet instant. — Je pars, je pars, je ne veux pas que ma présence vous soit nuisible. Adieu, j'emporte l'espérance, soyez sûres toutes deux que je ne suis point venu pour vous bercer de promesses; un jour vous me verrez arriver ici avec un héritage et je compte alors sur la possession de la chère Joséphine; mais en attendant, ne pourrions-nous pas nous rencontrer aux Champs-Élysées, ou au Jardin des Plantes?

— Ah! ça se pourrait, s'écria Joséphine, tenez, à la Chaussée du Maine plutôt, c'est loin d'ici, c'est meilleur, nous irons peut-être tous exprès quelque dimanche.

— Ah! reprit Léonard, il suffit,

c'est charmant ; adieu encore une fois jusqu'au jour heureux où je serai plus riche.

Et il disparut.

— Au fait ! dit la mère Guettant, quand elle fut restée avec sa fille, je ne l'aurais pas cru si bon garçon ! — Ah ! vous le voyez, maman, je vous l'avais ben dit que vous étiez trop prévenue contre lui. — Dame! écoute donc, je voyais un godelureau sans état, sans argent, qui cherchait à te parler, t'enjôler, t'attraper, que sais-je ? je devais t'empêcher d'être sa dupe. Savais-je, moi, s'il avait un autre but que de s'amuser ? Aujourd'hui il a parlé raison, il a fait des propositions pour l'avenir, il ne prétend rien sur toi pour le quart-d'heure, ce n'est que quand il va avoir hérité qu'il va venir se mettre avec toi ; il veut même t'épouser, c'est une autre histoire. Nous ne devons pas rebuter un jeune homme qui a de si bonnes intentions; au contraire, ménageons-le, mitonnons ce parti là. Ton épicier peut te manquer d'un instant à l'autre, nous aurons au moins comme ça deux cordes à notre arc. Une femme avisée doit toujours entretenir l'espoir d'un homme qui peut lui être utile un jour. Voilà la vraie manière de se conduire, Joséphine; il n'y a ni tromperie, ni coquetterie là dedans. Ce que j'admire en ce jeune homme, c'est qu'il t'aime toujours autant, malgré qu'il sache que tu as quelqu'un. C'est avoir un bon sens que je ne lui soupçonnais pas.

Le lecteur rira peut-être ici de la manière dont cette femme comprend le bon sens; mais elle ne fait que ressembler en cela à tous ceux qui ne voient la raison que dans ce qui se rapproche de leur manière de voir ou de leurs préjugés.

— Ah! au fait, continua-t-elle, ça ne m'étonne pas, j'ai vu dans ma vie des hommes si amoureux, qu'ils n'étaient pas jaloux le moins du monde. N'ai-je pas vu une demoiselle de famille à Caen, qu'un monsieur, jeune, riche et beau aimait tant, qu'il l'épousa enceinte d'un autre? N'ai-je pas vu un jeune homme charmant, fils d'un herbager de la vallée d'Auge, ayant plus de cent mille francs de rente, qui aurait obtenu les plus jolies héritières de toute la Normandie, et qui aima mieux épouser une femme qui avait fait la vie ? Eh ! n'y a-t-il pas à Paris une femme qui tient une de ces mauvaises maisons où j'aurais mieux aimé mourir que de te faire mettre les pieds, que le fils d'un général du temps de la terreur, riche comme un milord, vient bravement d'épouser dernièrement à la barbe des honnêtes gens. Là, dis-moi, y a-t-il un exemple plus fort ? Quand l'amour tient certains hommes, rien ne les rebute ; ils épouseraient une fille du coin toute échauffée d'une orgie.

Laissons maintenant cette femme avec ses réflexions désolantes par leur vérité naïve, ainsi que sa fille, et suivons l'amant de celle-ci pour quelque temps. Léonard Véfort, sorti tout pensif de leur demeure, avait de la peine à s'en éloigner. Comme il était arrêté dans la rue et incertain, il vit entrer dans la maison un grand homme à favoris noirs, coiffé d'une casquette à poil et revêtu d'une belle blouse écrue grise festonnée. On l'aurait pris pour un conducteur de messagerie. Léonard, sans penser à ce qu'il peut être, le suit des yeux machinalement, et il le voit justement se diriger par le petit escalier qui conduit chez Mme Guettaut. Il rentre alors d'un pas léger, monte quelques marches du même escalier, et entend cet homme frapper à la porte des deux femmes; il entend qu'on lui a ouvert, que la porte est refermée, et qu'il est entré... Léonard retourne dans la rue, aussi étonné qu'intrigué. — Quoi! se dit-il, ce serait là le *quelqu'un?* le bienfaiteur? Mais quel singulier genre d'homme! De quelle classe est-il donc? Ce n'est pas un monsieur, mais c'est peut-être beaucoup plus; si c'est un richard, il y en a de cette tournure qui est du genre libéral. Il y a aujourd'hui de grandes notabilités industrielles et agricoles sous la casquette et sous la blouse; on y voit même de grands citoyens du 19e siècle.

Là-dessus, un mouvement de fureur jalouse s'empare de lui, comme s'il n'eût pas dû s'attendre à cette découverte depuis la conversation des deux femmes. Quelles que soient la force de raison, la philosophie, nous dirons même l'absence de délicatesse d'un amant entêté, qui s'est accommodé à l'idée de savoir l'objet de son amour, en possession d'un autre, la nature l'emporte dans le moment où il voit son rival, et il se sent jaloux malgré lui.

Il y avait un *commerce de vins* à la chopine, en face de la maison; où n'y en a-t-il pas à présent dans Paris, ainsi que des cafés? Léonard y entre, et se fait apporter à déjeuner dans une petite salle par bas, d'où, placéprès de la fenêtre, il peut voir tous les entrans et sortans de la maison de Joséphine.

Là, aux aguets comme sans dessein, purement par curiosité, il fait de nouvelles réflexions, mais un peu sombres, et tout opposées aux émotions de joie qu'il avait éprouvées une demi-heure auparavant. Il aimait à parler haut tout seul, car il avait voulu être comédien, et il se tint à lui-même le discours suivant :

— Que l'amour te rend vil et lâche, Léonard! tu t'es mis dans l'imagination cette fille à un degré si fort que tu veux lui sacrifier même ton avenir, et passer le restant de ta vie avec elle, comme si c'était la femme la plus estimable du monde, comme s'il s'agissait d'une fille bien élevée, dont les mœurs intactes seraient avérées; et cela seulement parce qu'elle est grande, et a des formes bien fournies, m'embarrassant peu qu'elle ait passé déjà au pouvoir de plusieurs! Ce n'est pas une femme publique, il est vrai; mais elle vient au moins quelques degrés après. Et c'est moi, Léonard, à moitié artiste, ayant des prétentions à m'élever à être quelque chose, fier, emporté, qui préfère cette créature à quelque femme intéressante et sage! car il en est quelques-unes dans ce Paris si dépravé, que je trouverai, si je veux, quand j'aurai hérité. Mais qui peut lutter contre cette sympathie invincible qui vous fait aimer quelquefois l'objet le plus indigne? Et d'un autre côté, avec une femme d'une condition bourgeoise qui a reçu de l'éducation, qui a des mœurs, ce sont d'autres inconvéniens; c'est l'amour du luxe, de la représentation. Si j'épouse Joséphine, elle aura moins qu'une autre le goût de la toilette ; et dans une femme appartenant à une de ces familles qu'on est convenu d'appeler honnêtes, parce qu'elles vivent suivant les convenances factices, dans une pareille femme, outre le goût de la toilette, il y a souvent aussi incapacité de passion si l'on peut parler ainsi, et sans passion dans la femme où est le bonheur pour celui qui la possède, quand il est passionné lui-même? Car enfin qu'est-ce que l'amour? Ce n'est pas ce sentiment artificiel composé des intérêts de toutes les idées de convention qui dominent dans le monde, c'est le désir ardent, c'est la sensation électrique, c'est le besoin d'intimité physique et morale enfin. Et alors même que tous les intérêts, toutes les convenances sont d'accord, en êtes-vous plus sûr d'être heureux ? Obéir à l'instinct du plaisir c'est encore ce qu'il y a de plus réel dans la vie; aussi que de danger! me dira-t-on. Eh! sans doute; mais ne peut-on donc suivre cet instinct sans se jeter dans le désordre de la conduite? J'ai pour ainsi dire contracté des engagemens formels, il n'y a pas une heure encore; j'aimais déjà depuis deux ans cette Joséphine, si peu cultivée et en position de se dépraver; son moral est bon toutefois, elle a les qualités du cœur, elle aimerait à vivre sagement, elle a des dispositions à faire le bonheur d'un homme... ma foi! quelques inconvéniens qui puissent arriver, quelque temps qu'il faille attendre, laissons les choses aller;

en arrêter le cours à présent serait impossible. Peut-être dans six mois, dans trois mois il me mourra quelque tante, et alors j'arracherai Joséphine des mains de qui il appartiendra.

Et Léonard, s'arrêtant à cette dernière idée, termina son monologue bien différent de celui de l'épicier qu'on a vu plus haut, mais qui peint son âme et son caractère comme ceux de l'autre dans le sien; et il attendait négligemment qu'il vît ressortir l'homme à la blouse.

X.

C'était notre épicier. Son accoûtrement étonna les deux femmes qui s'attendaient à le revoir en monsieur.

— Ne soyez point surprise, ma filleule, dit-il à Joséphine, je prends de temps à autre un petit déguisement pour qu'on ne remarque point que le même homme vient souvent chez vous. Ne trouvez-vous pas celui-ci bien avisé, maman Guettaut ?

— Maïs... répondit-elle, oui, pour vous... et non pour nous. — Ah!

par exemple! voilà qui est singulier. Et qu'est-ce que cela vous fait? Au contraire, c'est à votre avantage; en variant mon costume, je suis moins exposé à être reconnu le jour. — Oui, sans doute; mais il en résulte que le voisinage croira que plusieurs hommes viennent voir ma fille, ce qui la fera passer pour ce qu'elle n'est pas; au lieu que vous reconnaissant toujours, on peut seulement dire: « Eh ben! c'est son parrain! » là, voilà tout. — Miséricorde! ma commère, que vous êtes subtile! quelle normande vous faites! Ainsi, suivant vous, pour ne pas exposer ma filleule à des propos sans importance, à des caquets de portière, je dois négliger ma sûreté! car je puis avoir des raisons pour me déguiser, et je le dois même pour venir vous voir. — Je ne vais pas à l'encontre; mais en ce cas, vous nous devez une petite indemnité pour çà.

L'épicier partit ici d'un éclat de rire prolongé. Ah! pour le coup, s'écria-t-il, je n'aurais jamais deviné celle-là; elle est forte, peste! ma brave commère, quel calcul! Je ne crois pas qu'il y eût marchand de vin, courtier, escompteur ou avoué qui vous surpassât. C'est ce qui s'appelle tirer la quintessence de tout. Oh! vous seriez excellente pour faire un mémoire de frais, d'homme d'affaire ou d'homme de loi! — Dame! écoutez donc, mon compère, tout a son prix: Joséphine vous a cédé sa personne, mais non sa réputation, et c'est encore plus *conséquent*. Qu'on la regarde un peu comme femme entretenue, ce n'est pas çà qui peut lui faire grand mal ; il y en a tant aujourd'hui de connues, sans compter celles qu'on ne sait pas! Combien de femmes mariées qui n'ont pas d'autre état, et qui pourtant sont bien vues dans les salons! Mais passer pour une femme à plusieurs hommes, çà est honteux et onéreux, çà frise trop la fille publique. Une femme, voyez-vous, aujourd'hui, c'est ni plus ni moins qu'une marchandise; et pour la faire valoir, il ne faut pas qu'elle devienne trop commune, ou elle est décréditée, tombe en baisse, et vient à ce que personne n'en veut, et finit par n'être plus de défaite. Vous devez savoir mieux que personne ce que c'est que de la marchandise, vous qui êtes marchand et épicier.

— En vérité! ma chère madame Guettaut, vous me surprenez; vous avez des idées, une façon de voir, un esprit qu'on ne s'attendrait pas à trouver dans une femme qui n'a pas vécu bourgeoisement. Vraiment, vous étiez faite pour quelque chose de distingué, sur ma parole. — Vous êtes ben flatteur, M. Lebrun; mais et vous donc, bon Jésus! on ne vous prendrait pas pour un épicier. Je veux mourir si vous avez l'air d'un homme qui manie le savon, l'huile de baleine et le fromage. Y n'y a qu'à voir seulement vos mains qui sont blanches, fines et molasses. On s'aperçoit sans peine que vous ne vous mêlez pas souvent du détail de la boutique, et que vous ne touchez ni au fromage ni à la mélasse. — Il est vrai, je l'avoue, il y a long-temps que cela ne m'est arrivé; j'ai des garçons plus qu'il n'en faut, et comme j'ai quantité d'affaires, j'ai bien assez de commander, inspecter, diriger. Il m'arrive seulement de paraître sur le terrain le mètre à la main, de calculer si les voûtes sont bien cintrées, si les allées sont droites, si les arbres sont bien plantés, si... —Ah! ah! mais, M. Lebrun, on croirait que vous êtes maître jardinier, ou maître maçon, vous parlez d'arbres, de terrain, de voûtes...

— Mon Dieu, mon Dieu! interrompit l'épicier avec empressement, je ne sais ce que je dis... je suis si préoccupé!... mais d'ailleurs j'ai une petite maison de campagne où j'ai fait faire des travaux, voilà pourquoi.

— Eh ! *là où* donc mon parrain ? s'écria Joséphine, dont ces mots excitaient la curiosité. — Ah ! ma belle filleule, vous en voulez savoir trop long ; mais à quoi cela vous servirait-il ? je ne pourrais vous y mener.

— Quoi ! mon bon petit parrain, ajouta-t-elle en calinant, vous ne nous mènerez donc jamais promener à la campagne, en m'y donnant rendez-vous, par exemple ?

Cette question n'était pourtant pas faite sans dessein, quoiqu'elle fût de caractère à peu près sans malice, surtout d'après ce qu'elle avait dit à Léonard de la Chaussée du Maine.

— Voyez-vous, cette pauvre prisonnière ! répondit avec gaîté l'épicier, on dirait qu'elle ne sort jamais avec sa maman. — Mon Dieu !

mon parrain, où voulez-vous que nous allions toutes deux? Des femmes seules, la mère et la fille, ça a une si drôle de mine! Il y a ben Belleville, les Prés Saint-Gervais, Saint-Cloud, Vincennes...

— Sans doute, interrompit la mère, et l'on croirait que nous cherchons des pratiques, si l'on nous y voyait: nous sommes déjà connues d'assez de monde. D'ailleurs, à présent nous voulons être plus réservées pour que vous ne voyez pas vous-même que nous avons des allures. Ma fille ne doit plus sortir, vous pourriez venir en son absence, ou, si elle sort, il faut que ce soit avec votre approbation, ou au moins que vous sachiez où elle est.

— Oh! s'écria l'épicier avec satisfaction, vous êtes une femme estimable, ma commère, voilà un langage qui annonce bien de l'honnêteté de votre part. Je vois que je suis on ne peut mieux tombé avec vous deux, et, puisque c'est ainsi, j'ajoute vingt-cinq francs de plus par mois, et je vais vous envoyer demain une pièce de vin de Mâcon. Mais, pour répondre à votre demande, je ne peux me trouver nulle part confondu avec le public, par des raisons..... puissantes, et quand il s'agirait de cent mille francs de bénéfice.

— Merci toujours, mon parrain, du vin de Mâcon, s'écria Joséphine doublement joyeuse du cadeau promis et du succès de sa petite ruse.

On voit que l'épicier ici était en

arrière de finesse avec les deux Normandes.

— Vous êtes, reprit la mère, un homme aimable et raisonnable, et je commence à vous croire libéral.

Ah! répliqua brusquement l'épicier, voilà en quoi vous vous trompez; je le suis en opinions politiques, si vous voulez, et autant que cela cadre avec mes intérêts. Mais, je vous l'ai déjà dit, je ne suis point libéral ni généreux en dépenses d'argent : je paie les choses d'après leur valeur.... et d'après ma fortune. — Ah! c'est vrai, excusez; au fait, je ne crois pas que *vous êtes* un millionnaire comme Rotschild ou le duc d'Orléans, car si vous étiez l'un ou ' autre vous ne manqueriez pas d'enrichir ma fille, là, n'est-ce pas? Si vous étiez le dernier, *une supposition;* pour l'autre, je ne dis pas, c'est un Juif de cœur, d'esprit et de figure.

— Mais... pourquoi? le duc d'Orléans a ses charges, ma commère, il n'est pas si riche qu'on veut bien le faire croire, il a presque autant d'enfans que moi; il fait des pertes de temps en temps, il n'a pas recouvré toutes les indemnités qu'il aurait dû avoir, pour les biens qu'on lui a pris dans la Révolution. — Bah! on dit comme çà qu'il a plus de quinze millions de rentes, et que l'on lui a remboursé plus de vingt millions. —Ah! que le diable emporte ceux qui vous ont dit de pareilles bêtises. Il peut avoir au plus deux millions de revenu, et il n'a guères touché qu'un million ou deux d'indemnités d'émigrés. — Allons donc, mon compère, vous le faites trop pauvre aussi! moi, je tiens ce que je vous dis d'un de ses valets de chambre que je connais depuis long-temps. — Comment le nommez-vous donc, ce maraud là, qui fait son maître si riche? — Oh! c'est ce que je ne puis vous dire, il m'a promis de faire placer ma fille dans la maison du prince, et quoiqu'il soit mort d'apoplexie.... — Vraiment vous l'avez connu cet homme là? ah! diable, c'était un brave homme, il m'était très attaché. — Ah! vous l'avez donc connu, aussi vous, M. Lebrun? — Eh! oui, mais je veux dire qu'il était très-attaché au prince. Quoi! il voulait faire entrer Joséphine dans la maison du Duc? et comment donc? en quelle qualité? — Dame! je ne sais pas, peut-être auprès des princesses comme dame de compagnie. —Allons donc! vous rêvez, madame Guettant, ma filleule serait trop embarrassée, elle ne pourrait soutenir un instant de représentation. — Tenez donc! vous la croyez donc ben bête?

— Oui, s'écria Joséphine, vous me croyez donc ben bête, mon parrain?

—Eh! non, ma mignonne, répondit l'épicier, mais il faut de l'habitude, voyez-vous.

— Bah! bah! s'écria la mère, elle la prendrait. Mon Dieu! pourquoi croyez-vous qu'elle n'y réussirait pas comme ces mijaurées qui s'approchent de la Duchesse et de mamselle d'Orléans ! — Allons, allons, madame Guettaut, vous ne faites pas usage ici de l'esprit que vous avez montré tout à l'heure, ces mijaurées sont des femmes du plus grand ton. — Ah ! bah ! M. Lebrun, on dit que ce sont des je ne sais quoi, qui se sont laissé caresser par le prince. — Allons, vous divaguez ; le prince, d'ailleurs, ne caresse point de grandes dames, à moins qu'elles ne lui coûtent ni argent ni grâces, ce qui est prodigieusement rare ; d'ailleurs il est trop prudent pour avoir des relations avec des dames attachées à la personne de sa femme et de sa sœur. Je les connais bien, je les vois assez souvent, elles n'oseraient pas seulement me faire des œillades.

— Mais dites donc, M. Lebrun, je crois que vous perdez la boule, comme disent nos gamins, vous ne vivez pas chez le duc d'Orléans peut-être. — Ah! vous avez raison... mais je disais cela parce que j'y vais quelquefois.... je suis un insigne étourdi, je pensais à une affaire qui me trouble l'esprit en ce moment.

— Ah! mon parrain, s'écria Joséphine, qu'est-ce qui vous est arrivé? vous a-t-on parlé de moi? — Non, non, je pensais à une petite banqueroute... à un marchand de vin de l'île Saint-Louis, grand hâbleur, un *finôt*, comme on dit, qui vient de manquer... J'y suis pour vingt mille francs. — Quel malheur! — Ces coquins de marchands de vin en gros n'en font jamais d'autre. Ils m'ont vendu je ne sais combien de pièces de vin frelaté, coupé, transposé, à faux noms; ils m'ont volé comme dans un bois.

— Jésus! s'écria la mère Guettaut, mieux vaudrait que *nous les ayons*, nous, ces vingt mille francs là.

— Ah! reprit l'épicier avec un air bonace affecté, si je pouvais vous les avoir donnés, ce serait de grand cœur; mais un jour.... par la suite, vous aurez mieux que cela, si ma filleule m'aime bien long-temps. — Allons, ma fille, ne manque pas de ben faire la cour à ton parrain, entends-tu? — Oh! oui, maman, je vais ben le câliner pour qu'il me fasse un sort.

— Malgré que vous en disiez, reprit la maman, pour ce qui est du duc d'Orléans, mon compère, vous ne me ferez pas croire que, si, par une supposition, il s'était amouraché de Joséphine, il ne lui aurait pas donné, là, de plein abord, une douzaine de mille francs de la main à la main, rien que pour les épingles; mais ce n'est pas par regret qu'il ne soit pas son parrain au lieu de vous, au moins, que je dis ça! — Eh! non, mère Guettaut, je connais son caractère comme je connais le mien, il ne donnerait pas plus que je ne donne. — Là, vous croyez? il est ladre à ce point? il est si vilain, si regardant?

A cette question abrupte faite avec rondeur, notre épicier devint rouge tripoli et se mit en colère pour la première fois dans cette maison. — Ta, ta, ta, s'écria-t-il avec brusquerie, on flanque comme cela aux gens des sobriquets de ladres et d'avares, et cela sans les connaître! Mon Dieu! le prince n'est point regardant; il s'en faut de beaucoup. C'est celui de tous les princes de l'Europe qui a le plus d'ordre et de sagesse; il en remontrerait même en cela à beaucoup de banquiers, de commerçans, de limonadiers et d'épiciers; mais il a pour maxime de ne pas jeter l'argent par la fenêtre et de ne pas dépenser des sommes immenses pour ses plaisirs. Il a eu un exemple terrible devant les yeux, celui de son père, que ses profusions d'homme sans tête, et ses débauches crapuleuses avaient aux trois quarts ruiné. Parbleu, croyez-vous que, parce qu'il est prince du sang, il va couvrir de diamans, là, une revendeuse à la toilette, ou une écaillère comme vous, qu'il prendra en cachette à cause de son joli minois? Mon Dieu! les princes sont bien malheureux! il semble qu'ils ne peuvent avoir les plaisirs de tout le monde qu'avec des monceaux d'or. Ne sont-ils pas hommes comme les autres? Et s'il leur fallait payer un dîner ou une femme deux ou trois cents fois plus qu'un simple particulier, comment feraient-ils pour soutenir le luxe obligé de leur maison et de leur rang? Ou bien, vous voudriez peut-être qu'ils allassent se cribler de dettes. Le duc d'Orléans a plus besoin d'économie que personne : il faut qu'il se récupère des vingt millions de rentes que son vaurien de père aurait dû lui laisser.

— Bah! quelle nécessité y a-t-il donc? répondit gaillardement la mère Guettaut. Est-ce qu'un duc d'Orléans ne peut pas vivre à moins? — Ah! pardieu! vous autres gens du peuple, vous croyez toujours que........ que les princes en ont assez. Et vous leur demandez de l'argent pourtant, vous leur tendez la main dans l'occasion. Mais allez voir combien il donne ce prince, ils dépensent deux millions en aumône lui et sa femme tous les ans. — Ah! mais, M. Lebrun, vous venez de dire tout-à-l'heure qu'il n'avait que deux millions de rente. — Oui oui.... eh! on n'est pas juste au compte, il en a peut-être trois, quatre, cinq. — Mais on m'avait dit qu'il ne donnait pas beaucoup, tout en faisant ses embarras, deux cent mille francs tout au plus. — Qui sait cela? ce sont des sots que tous ces on dit; mais, que diable! d'où vous vient donc cet esprit d'opposition contre les princes, mère Guettaut? Il paraît qu'on vous a fourrée bien avant dans les libéraux, qui ne voudraient pas qu'il y en eût, car il en est qui ne cherchent qu'à être princes eux-mêmes. — Oh! non, non, M. Lebrun, ce que j'en dis ce n'est que pour parler. Et puis, tenez, tous vos princes sont des égoïstes qui méprisent le petit monde. — Oh! c'est une erreur : si vous voyiez le duc d'Orléans, c'est le meilleur homme du monde, simple, sans façon, là, comme moi ; il causerait avec vous, il embrasserait votre fille, absolument comme moi.

Aussitôt M. Lebrun, faisant le jovial assez lourdement, s'empara de Joséphine et lui donna deux baisers mieux conditionnés qu'un parrain n'en donne ordinairement.

— Allons, reprit la mère Guettaut, tenez, je m'en vais chez une voisine de la rue St.-François, qui est attachée à la maison d'un ultrà, chef de bureau de l'Intérieur ; là, j'apprendrai des nouvelles pendant que vous causerez avec ma fille ; adieu, en attendant la pièce de Mâcon.

L'épicier et Joséphine, restés seuls, eurent une conversation du même genre que celle de la première visite.

Cependant, Léonard avait déjà attendu chez son marchand de vin environ une demi-heure, lorsqu'il vit entrer, dans la salle où il était, deux hommes qui se firent apporter du vin de Beaune. L'un était un gros jeune homme à l'air commun et brutal, à la carnation colorée, à mauvaises manières, quoique bien habillé, ayant le verbe bruyant, une espèce de paltoquet enfin. Il paraissait animé et comme décidé à quelqu'action violente. Son compagnon, assez mal mis, avait l'air d'un artisan un peu dégrossi, sa figure était sournoise et son œil observateur. On pouvait le prendre facilement pour un mouchard.

— Jean-Louis, lui dit à demi-voix le gros jeune homme, mais sans pourtant paraître se soucier beaucoup de garder le secret, es-tu bien sûr que ce soit lui ?

— Oh ! oui, M. Surguet, répond celui-ci, c'est bien lui ; ou si ce ne l'est pas, il faut qu'il lui ressemble comme deux gouttes d'eau-de-vie ! c'est absolument la même casquette et la même blouse festonnée que portait à Creil votre homme, quand il vint pour s'y faire donner l'adjudication de ce moulin, pour laquelle vous lui fîtes offrir dix mille francs de dédit. — Prends bien garde, Jean-Louis, je ne le connais pas moi, cet homme là, tu sais qu'il ne se montra pas de sa personne aux enchères, et qu'il resta chez un aubergiste tandis que son agent seul paraissait, que je le vis seulement de loin sortir avec sa blouse et monter à cheval, et que je ne pus le rejoindre pour le faire expliquer. Si tu allais me compromettre?.... Allez, allez, M. Surguet! c'est ben lui; d'ailleurs vous verrez à son encolure. — Ah! ça, tu dis donc qu'il est entré chez ces deux femmes là vis-à-vis?

— Oui, chez cette jeune femme qui était écaillère il y a huit jours au coin de la rue de Paradis.

Léonard fit un mouvement sur sa chaise en entendant ceci : Voilà qui est singulier, dit-il en lui-même, mais que va devenir ceci? écoutons.

— En ce cas, c'est bon, reprit le gros jeune homme, s'il a du cœur, nous allons voir; il faudra bien qu'il renonce à son adjudication, ou je vais le mener d'une rude manière.

— Mais, répondit Jean-Louis, ça va faire une mauvaise affaire, M. Surguet, songez donc... une provocation en plein jour. — Eh ! le jour ! qu'est-ce que cela me fait à moi ? je veux lui donner une *pile*, s'il refuse de consentir. — Mais s'il vous demande raison en duel ? — Ah ! bah ! bah ! il n'est plus jeune, je suis bien plus fort que lui ; quelques dents de cassées, il n'en sera que ça. Parbleu ! j'ai bien des ménagemens à garder avec un tripotier qui a profité de ma débine pour acheter mon moulin !

— Voilà qui est bien lâche, pensa Léonard, de se prévaloir ainsi de sa force physique, et de ne pas vouloir donner satisfaction.

— Dame! M. Surguet, répondit Jean-Louis, vous avez raison; mais un autre l'aurait acheté en sa place. Vlà ce que c'est que le monde. — Eh imbécille! tu ne sais donc pas que les enchérisseurs s'étaient abstenus, de crainte que je ne leur fisse un mauvais parti. Je les avais tous menacés; mais celui-ci a profité de ce qu'il n'est pas du pays, et, dit-on, de ce qu'il a du crédit, pour avoir l'adjudication à bon marché. — C'est un coup de tête que vous allez faire, je n'ai rien à y objecter; ces choses là ne se raisonnent pas, c'est comme l'amour.

— Oh! dit encore Léonard en lui-même, je ne veux pas qu'on insulte ainsi un homme pour une affaire d'intérêt et de dépit. C'est un rustre que ce gaillard-ci, une espèce de boxeur sans doute lâche à dégainer; quoique ce soit à mon rival qu'il en veut, cela m'indigne; il faut que j'intervienne là-dedans.

— Songez donc, Jean-Louis, reprend Surguet, que je suis de force à culbuter cinq ou six hommes, je m'esquiverai sans courir, voilà tout.

— Ouais! pensa encore Léonard, mais il ne me connaît pas, je pourrais bien mettre opposition à ce beau coup de main. Il paraît que ce butor se croit en état de faire la loi à tout le monde avec ses poings. J'aimerais bien à lui pousser quelques bottes avec des fleurets pointus.

— Diable! reprit l'homme aux

provocations, impatienté d'attendre; mais finira-t-il de sortir de cette chienne de maison? Il n'y avait donc pas long-temps qu'il y était entré? — Oh! monsieur Surguet, il y a au moins une heure, j'ai rodé dans la rue tout ce temps-là, jusqu'au moment où vous êtes arrivé l'espace au moins d'ici à l'hôtel d'Aumont, et c'est ben heureux, encore, que j'avais mon petit garçon avec moi, que j'ai vite envoyé, et ben heureux aussi que vous étiez chez vous et que vous êtes accouru. — Oui, je suis accouru; va, Jean-Louis, j'aurais pour cela quitté la plus belle femme du département de l'Oise, eussé-je été couché avec elle, ou j'eusse renoncé à aller recevoir de l'argent, les deux plus grands plaisirs qu'un homme puisse goûter.

— Voyez un peu ce maroufle! disait Léonard entre ses dents, il veut faire de l'esprit.

Et il aurait bien voulu savoir quel était ce fort à bras.

—Mais que dois-je faire? se demandait-il, prévenir l'autre? mais ce serait bien indiscret, et on ne m'ouvrirait pas chez madame Guettaut. En outre si j'évente ainsi la mèche, l'affaire devenue impossible, on ne voudra pas me croire. D'ailleurs, aller comme cela au-devant de ce qui peut arriver à mon propre rival, ce serait avilissant; c'est bien assez d'être son défenseur en cas de querelle, eh! laissons-le recevoir le premier choc, tant pis pour lui. Seulement comme c'est une lâcheté de la part de celui-ci, j'arriverai à son secours.

Pour avoir le mérite de le tirer d'affaire, il faut au moins qu'il soit attaqué; mais comment ferai-je? oh! il faut tâcher d'arriver à temps.

Soudain il appelle et paye sa dépense, pour se trouver prêt au moment critique. Puis il feint de s'endormir. Pendant ce temps-là, les deux individus avaient les yeux fixés sur le dedans de la cour de la maison de l'écaillère.

— Tiens! Jean-Louis, s'écrie le gros quidam, je vais aller un peu au-dedans de la porte, ça vaudra mieux, je jaserai avec le portier, et je dirai que j'attends quelqu'un. Je réfléchis que dans la rue une explication attirerait trop de monde.

— Ah! vous ferez bien, répondit Jean-Louis; pour moi, je vais rester ici pendant ce temps-là afin de voir ce qui se passera. —Oui, tu veilleras, et tu viendras m'accompagner quand il faudra que je file.

Et cet homme sortit pour aller où il venait de dire. Quelques momens après, Léonard qui était de son côté aux aguets crût apercevoir l'homme à la blouse acosté dans la cour de la maison en vue par l'homme aux voies de fait. Aussitôt il se dirige sans affectation vers cette maison, y entre, monte un escalier voisin avec vitesse jusqu'à peu près à la douzième marche où il s'arrête. En ce moment il entend le provocateur dire à l'autre : Monopoleur de propriétés, tu te caches derrière tes croupiers, tu te déguises, mais tu ne m'échapperas pas en ce moment; je sais que tu es un tripoteur d'affaires, un de ces financiers à la petite semaine qui fait acheter à droite et à gauche sous des noms d'hommes de paille, et qui s'empare des adjudications qui ont pour cause la détresse des individus dont tu cherches à profiter, en mettant à l'enchère assez pour les empêcher de rentrer dans leur propriété, à bon marché.

— Vous vous trompez, Monsieur, répondait fort poliment le personnage apostrophé; je suis tout bonnement un petit épicier de Paris. — Comment! ce n'est pas toi qu'es venu en cabriolet à Creil le mois passé te faire adjuger un moulin des environs?

— Mais.... répond l'épicier un

peu embarrassé, quand cela serait je ne vois pas que ce fût un crime; tout le monde a le droit d'en faire autant.

— Ah! tu en conviens, réplique Surguet avec une fureur concentrée, lui mettant le poing sous le nez; mais d'une voix retenue : Eh bien! si tu ne viens pas tout à l'heure me signer un écrit... tu sais, pour te dédire, là, chez le portier, je vais te casser les os. — Oh! doucement, Monsieur, on n'insulte pas le monde ici comme cela. Il y a du public dans les alentours.

—Tu ne le veux donc pas décidément? reprit le provocateur en faisant des gestes des deux poings et approchant sa figure rouge dont les muscles étaient gonflés près de la figure flasque et tranquille de l'épicier. — Monsieur, je ne vous connais point, qui êtes-vous?—Je suis l'ancien propriétaire du moulin que tu veux accrocher, rien que ça, usurier aigrefin que tu es. — J'en suis au désespoir Monsieur; si vous êtes gêné je prends part à votre situation, mais je ne renonce pas comme cela à une affaire faite, et d'ailleurs je ne reçois la loi de personne et je la fais à beaucoup de monde. — Ah! tu la fais.... ah! tu ne veux plus!...... Eh bien! tiens, voici ma loi à moi.

Et en même temps il lui donne un violent coup de poing que l'autre veut parer avec son bras, mais qui le fait trébucher et tomber à la renverse auprès d'un puits qui était tout proche de la porte cochère.

Léonard, descendu aussitôt avec la rapidité de l'éclair, dit à l'agresseur d'une voix forte : Vous êtes un lâche et un rustre, vous allez me rendre raison de cette conduite de porte-faix envers ce Monsieur qui ne vous a jamais vu.

Le provocateur toujours animé, pour toute réponse va s'élancer sur Léonard ; mais celui-ci, plein de sang-froid, alonge prestement le pied droit sur le pied gauche de son adversaire, et par un des mouvemens de ce qu'on appelle la *savatte*, lui fait perdre l'équilibre et le fait cheoir sur le dos ; ce brutal en tombant donne de la tête sur un seau d'eau tout plein qui se trouvait là, et qui se renverse sur lui de manière à le coiffer et à l'inonder tout à la fois. Pendant ce temps là, l'épicier éperdu s'était relevé, présentant aux spectateurs que le bruit venait d'attirer du dehors et du dedans, une longue tête dépouillée de chevelure depuis le front jusque par delà l'occiput ; ses favoris mêmes avaient disparu avec son faux toupet. A ne le voir que par la tête, ainsi dépourvue de ses ornemens artificiels, s'il eût été dans un lit on l'eût pris pour une vieille femme; ce n'était pas cet air encore imposant et déjà respectable, d'un homme qui est entre 50 et 60 ans, entre la beauté et l'ordinaire, mais quelque chose de ridé, d'homasse et d'équivoque dans la physionomie, d'insignifiant et de lourd dans la figure. Sa casquette était tombée dans le puits. Et au moment où il va pour ressaisir son toupet un peu entaché de crotte, un gros caniche qui folâtrait dans la cour pendant cette altercation s'en empare en grognant de gaîté, et s'enfuit, l'emportant à la gueule comme une proie, par l'escalier d'où était descendu Léonard.

Cependant son ennemi terrassé était si étourdi de sa chute et du déluge d'eau de puits glaciale dont il avait tout le haut du corps inondé, qu'il était presque sans connaissance. Jean-Louis était accouru et aidait, lui troisième, à le remettre debout.

L'épicier, bien que décoiffé à la Chapelain, remercia Léonard avec beaucoup d'effusion, et lui dit du ton d'un homme pressé de s'esquiver : — Brave jeune homme, de grâce, sortons d'ici sans délai et accompagnez-moi jusqu'au bout de la rue! Il y a des fiacres à deux pas, je suis un homme perdu si je ne disparaît promptement; ne perdons pas de temps, je vous dirai pourquoi. Vous aurez des preuves de ma reconnaissance que vous ne soupçonnez pas. Et il ajouta quelques mots dits à l'oreille. Son ton était à la fois si pressant, si poli, d'une supériorité si extraordinaire, que Léonard en fut frappé comme si c'eût été Louis XIV, ou Henri IV, ou quelque prince du sang qui lui eût parlé.

Quel ascendant avait donc quelquefois cet épicier?

Léonard obéit, et monsieur Desforêts ayant mis un bonnet de soie noire qu'il avait toujours en poche, de peur des fluxions subites, ils sortent, font écarter la foule et les polissons, et se hâtent de se soustraire aux curieux. Seulement Léonard s'écria d'un ton de regret :—Que j'aurais été content de proposer à ce manant le sabre ou l'épée en satisfaction!

— Vous le retrouverez une autre fois, répondit l'épicier; mais il y a péril en la demeure pour moi, éloignons-nous au plus vite.

Un fiacre se trouvait bien à propos en ce moment à l'entrée de la rue des Quatre-Fils; l'épicier y monte et y fait monter Léonard avec lui. — Fouette cocher, s'écria-t-il, ventre à terre à la barrière de Clichy, course double!

Quand ils furent à peu près à cinq minutes de distance, —Ventre-Saint-gris! s'écria l'épicier effaré, je suis tout meurtri, j'ai deux bosses au crâne, je suis défiguré; n'est-il pas vrai, jeune homme?

—Mais... je ne vois rien, répondit Léonard. — Ah! cela se peut, je me trompe, j'en suis quitte pour la peur. Quelle collision pourtant je viens d'avoir!

Léonard sourit à ce mot, pensant qu'il était fort pour un homme qui avait été maltraité sans se défendre.

— C'est comme à la bataille d'Altenkirchen, continue l'épicier, je crus avoir été blessé, et je ne l'étais pas. Dieu merci! je n'avais pas reçu une égratignure dans ma vie avant les bosses que j'ai en ce moment à la tête.—Ah! monsieur a fait la guerre!

—Oui, ventre-saint-gris!...

— Diable! pensa Léonard, cet homme-ci se croit-il descendu de Henri IV? En tout cas, il ne lui ressemble guère.

—Oui, ajouta l'épicier, j'ai vu deux belles batailles, sans compter une demi-douzaine de collisions.

Ici Léonard se mit à rire, mais par procédé il ne dit pas pourquoi. — Oh! pensa-t-il, quel goût pour les collisions! il est né pour cela sans doute.

—Mais, continua son compagnon, j'avais du toupet alors; ce n'est pas comme aujourd'hui... Brave jeune homme, ajouta-t-il après une pause, en prenant la main de Léonard avec les démonstrations les plus amicales et un ton de théâtre, vous venez de me rendre un service éminent, le plus grand qu'on puisse rendre à u homme qu'on ne connaît pas, apr celui de lui sauver la vie; je ne l'o blierai jamais.

—Mais, lui répondit Léonard, c n'a rien que de très-ordinaire; tc homme de cœur doit chercher à parer deux hommes qui sont a prises, ou s'opposer à ce qu'u homme en insulte un autre et le m traite s'il est plus fort que lui; individu m'avait semblé un brutal un lâche. J'en aurais fait autant po tout autre que vous.

— Oh! reprit l'épicier, vous vous doutez pas de toute la gra deur de ce service que vous croy si simple; sans vous j'étais compromis dans une véritable collision...

— Vous croyez, interrompit Léonard, surpris du retour fréquent de cette expression de la part de l'épicier, qu'une querelle à coups de poings est une collision? — Certes, oui, c'est le mot... d'ailleurs il est plus noble pour moi, voyez-vous... A la vérité, celle-ci n'était qu'une collision de porte-sacs en façon d'algarade, telle que de ma vie je n'en ai eu de semblables. Plaise à Dieu que je n'en aie pas de plus graves par la suite, si.... Ah! si vous saviez combien peu je suis fait à une affaire de ce genre! — Je le crois, monsieur, car vous n'avez pas l'air de quelqu'un du commun; on dirait que vous êtes d'une classe au-dessus de celle de marchand. — C'est possible: je suis un commerçant, un épicier cependant; j'ai de la fortune, et voilà tout. —Il est vrai que d'avoir de l'argent cela donne toujours un air un peu distingué. Mais je vous dirai, là, franchement, comme un soldat, que j'étais encore il y a peu de temps, qu'il m'a paru que cet homme si violent d'ailleurs avait à se plaindre de vous. Cela n'excuse pas sa conduite, sans doute; on ne doit pas assommer de coups de poings son plus grand ennemi, c'est bien indigne d'un homme d'honneur; mais vous, monsieur, de votre côté, en êtes-vous vraiment un? Excusez cette liberté, il n'y a que nous deux ici; je vous parle à cœur ouvert à présent que je vous ai défendu. — Vous avez raison de me parler ainsi, mon ami, mon brave, et je ne blâme point votre franchise. Eh bien! je vous répondrai que je ne connaissais point cet homme-là, que je ne l'avais jamais vu, et que j'ignorais qu'il y eût quelqu'un de mécontent à cause d'une petite acquisition qu'il m'a reprochée, comme vous avez pu l'entendre. Je n'ai jamais eu aucun rapport avec lui, il n'est point mon débiteur, et, si l'on a mis son moulin à l'encan par autorité de justice, je n'en pouvais mais; je l'ai acheté comme le premier venu aurait fait, à bon marché si l'on veut, ce qui est bien permis à tout acquéreur. — Eh! comment peut-il s'en prendre à vous d'une chose aussi ordinaire? — Mon ami, c'est qu'aujourd'hui les meûniers, sorte d'industriels avides, tout en se disant de grands libéraux, forment une cotterie exclusive, et, comme les gens de beaucoup d'autres professions, comme nos écrivailleurs par exemple, se liguent entre eux pour empêcher que des étrangers ne viennent se rendre maîtres de l'industrie de l'un d'eux, s'il lui est arrivé de compromettre son moulin ou ses moulins par de mauvaises affaires, fût-il même un fripon ou un mauvais sujet. Tenez, il en est de cela comme des fermiers de quelques cantons de la Flandre, qui se coalisent tous contre les propriétaires qui voudraient faire augmenter les baux par les plus offrans. Ils vont jusqu'à employer les menaces et les voies de fait pour écarter les concurrens, et faire adjuger la ferme à l'un d'eux, ou bien, s'il en est un parmi eux qui ne paie pas ses fermages, ils le soutiennent de manière à ce que le propriétaire n'ose s'en faire payer judiciairement, ni l'expulser, de peur d'être assommé.

— Vraiment! voilà des choses étranges que vous m'apprenez! Pourquoi donc, alors, m'avez-vous montré tant d'empressement de partir? Cette affaire là demandait réparation; nous aurions fait arrêter l'agresseur, ou je lui aurais offert satisfaction les armes à la main. Je suis perdu, m'avez-vous dit?— Eh! mon cher ami, c'est à cause de ma famille. Je serais devenu la fable de toute la France.... c'est-à-dire de tous ceux qui me connaissent. Si vous saviez comme je tiens à ce que l'on ne soupçonne pas que j'aie la moindre fréquentation de femme !... Dieu! ma famille, mes amis, tout mon ......, mon quartier, qui me croient un homme si rangé, si tranquille! Je m'habille en bourgeois ordinairement. Eh bien ! on dirait : M. Des... M. Lebrun a été pris, l'autre jour, au collet par un homme; il a perdu son toupet dans la bagarre, et même sa casquette. Mais qu'allait-il faire en blouse rue de la Perle, n° 2 ?

—Oui, et chez une belle fille naguère écaillère encore ! dit Léonard avec malice... et dépit.

— Quoi ! vous savez cela ! s'écria l'épicier tout confus ; qui vous a si bien instruit ? — Une écaillère doit, comme vous devez croire, connaître beaucoup de monde. J'étais à déjeûner depuis long-temps au cabaret vis-à vis; j'ai entendu votre adversaire, dans la salle où j'étais, comploter l'explication et la querelle, et j'ai été exprès, dans l'intention de venir à votre secours, attendre sur un escalier, d'où j'ai tout entendu, prêt à vous donner main forte, car j'étais indigné de la brutalité de ce manant.

— Mon Dieu, que vous êtes un brave garçon ! mon ami, que je vous ai d'obligation! Non, je vivrais mille ans que je ne n'oublierais jamais ce service, je vous le répète. Mais savez-vous qu'il est immense, et qu'un prince ferait la fortune de celui qui lui en rendrait un pareil ?

— Ah! répondit Léonard en riant,

je ne serais pas fâché alors que vous devinssiez prince, ne fût-ce que pour cela. — Eh! eh! mon bon ami, qui sait..... ce que je peux faire pour vous? j'ai le bras plus long que vous ne pensez. Voyons, maintenant que me voilà remis de notre scène à la façon du port, apprenez-moi ce que vous désiriez. Je vous jure que j'ai pour vous une reconnaissance illimitée. Je vous regarde comme un frère, ou comme un fils; quel dévouement, quelle générosité de votre part! en vérité, je partagerais volontiers tout ce que je possède avec vous.

— Ah! repartit Léonard, assez neuf pour croire ce propos dit du fond du cœur, tant le patelin épicier mettait de bonhomie dans l'effusion, je serais un grand malheureux d'accepter, et de cela même je gâterais le service.

— Eh bien! reprit l'épicier, instruisez-moi au moins de ce que vous êtes, afin que je sache ce que je dois faire pour vous.

Alors Léonard lui raconta en peu de mots ce qu'il était et ce qu'il faisait.

— Cela suffit! s'écria l'épicier d'un ton de décision et de certitude, je me charge de votre sort; j'ai beaucoup de crédit dans la maison d'un prince du sang; je vous y ferai avoir, avant trois jours, une place de six mille francs, où vous n'aurez rien à faire qu'à chasser et pêcher, et je vous ferai épouser la fille d'un homme de la même maison, qui est depuis vingt ans au service du prince, et qui partant a dû le voler assez pour s'être enrichi ; car, voyez-vous, tous les hommes sont des fripons, quand ils peuvent l'être sans que cela paraisse et sans se compromettre. — Ah! je ne savais pas cela; mais c'est un peu fort pourtant. — Rien n'est plus vrai, mon cher ami; je connais le monde, et je puis vous en dire des nouvelles. J'ai tant vu d'hommes dans ma vie, voyez-vous! J'ai vécu dans le tourbillon, j'ai vu les premiers de l'Europe d'aussi près que je vous vois; j'ai en outre beaucoup vu la cour et ceux qui y vivent. — Ainsi, monsieur, vous n'avez pas toujours été dans le commerce. — Non, comme vous dites, pas toujours; mais, d'ailleurs, j'ai souvent été dans le cas de fréquenter les hauts lieux, les maisons de princes et de rois : c'est là, mon ami, que l'on apprend à connaître les hommes, et je vous assure qu'ils y sont bien corrompus, bien comédiens, bien fourbes, bien égoïstes, bien vicieux.

— Diable! vous ne faites pas là un beau portrait des gens du haut rang. — Pourtant il est vrai s'il n'est pas flatté; les courtisans surtout, mon ami, sont tous des intrigans, des flagorneurs, des ambitieux, des âmes basses. J'ai eu et j'ai bien souvent affaire à eux : allez, personne ne les connaît mieux que moi; je les connais même beaucoup mieux que Napoléon. — Je le crois bien, car un homme très-instruit m'a dit qu'avec toute sa méfiance et sa rudesse il a été souvent leur dupe. — Écoutez, mon ami, il y a une manière de ne pas l'être, c'est de ne les voir qu'avec les yeux de l'intérêt. Aussi, moi, tenez, quand je me trouve avec eux, je ne pense qu'à ce en quoi ils peuvent m'être utiles et au parti que je peux tirer d'eux; je me dis toujours : — Y a-t-il à perdre ou à gagner avec cet homme-ci?... Ensuite tel ou tel vient-il faire le mielleux, le complimenteur auprès de moi, temps perdu, toutes ses obséquiosités portent à faux ; je mets bas tout amour-propre avant d'entrer dans mon salon.... je veux dire dans le salon où ils sont; je m'en dépouille tout comme je ferai de cette blouse quand je rentrerai dans mon .... dans ma maison. — D'après cela, vous croyez que Charles X, par exemple, est la dupe de ses courtisans? — Ah! je le crois bien; ils le mènent par le nez; il est une marionnette entre les mains de ses familiers, de son aumônier et des prêtres. Ah!... c'est un imbécille à enfermer, un cagot qui n'a pas la plus légère dose de gros bon sens; on le flagorne, on l'embrouille jusqu'à la chasse où l'on fait refluer le gibier à dix pas de lui. — Et son fils? — Ah! ah! le dauphin! Idiot de tempérament et d'esprit, qui aurait besoin d'un curateur; c'est trop fort d'imbécillité; il faut rayer cela du rang des hommes. — Et le duc d'Orléans? — Ah! parfait, admirable! c'est un homme d'ordre, de tête, de poumons, un homme intelligent, plein d'instruction, qui voit tout par lui-même. Diable! c'est la perle des princes! il n'y en a pas deux comme cela en Europe. — Eh bien! croiriez-vous qu'on dit qu'il est dupe sans s'en douter? — Allons donc! en voilà une forte! C'est chez les ultras peut-être que l'on dit cela? — Non, point du tout, c'est chez les libéraux. — Et comment serait-il dupe? il ne veut que des conseillers et point de chambellans, des amis et point... de pourvoyeurs de plaisirs. — Justement, on dit qu'il n'a ni chambellans ni bonneaux... parce que ce serait trop cher, et qu'il est assez minutieux pour s'en faire l'office à lui-même, mais que ses conseillers et ses amis le trompent par un zèle affecté pour ses intérêts, au moyen de quoi ils en font l'instrument de leurs vues particulières, sans qu'il s'en doute le moins du monde; on dit qu'ils le mèneraient loin s'il était roi. — Ah! oui, croyez cela; ce sont de beaux contes d'ultras. — Cela se peut, mais ce n'est qu'à l'épreuve qu'on pourrait le juger, au surplus. Beaucoup de personnes disent aussi qu'il outre les qualités de père de famille, et qu'il ne l'est pas comme un prince doit l'être, qu'il ressemble à un boutiquier, pardonnez-moi le mot; mais, comme vous dites, ce sont les ultras qui disent tout cela.

L'épicier fit une grimace à cette comparaison. — Oh! oui, s'écria-t-il, ce ne peuvent être que ces niais d'ultras, car les libéraux trouvent, au contraire, que ce sage prince n'est pas encore assez petit bourgeois dans sa vie et dans ses manières; ils le voudraient voir tout-à-fait, là, comme un boutiquier des environs de la Halle. Mais, en homme adroit, il a su prendre le juste milieu, dont il ne s'écarterait pas pour un royaume; il a adopté la vie d'un bon fabricant de sucre de betterave, d'un bon manufacturier en épingles ou en rubans de Saint-Étienne. — Et le duc de Bourbon, qu'en dites-vous? — Ah! c'est un brave homme un peu décrépit d'intelligence, dont les idées ne vont que du daim au chevreuil, et du cerf au sanglier, une espèce de bipède forestier qui n'a juste de cervelle que pour traquer ces grosses bêtes, pour qui l'existence n'est qu'une longue chasse à courre. Ah! mais votre question me donne une idée... par rapport à vous: lorsque nous nous séparerons, rappelez-moi le nom du prince de la Paix. Parbleu! je cherchais quelque chose qui m'intéresse; vous me l'avez fait trouver, oui, c'est cela.

L'épicier frottait son front étroit et plat à ces derniers mots.

— De sorte, reprit Léonard, que, tout résumé, il faut se garer du grand monde et de la cour.

— De tout le monde, mon ami! répondit en riant son compagnon de voiture. Hélas! voyez les hommes dans les rangs ordinaires, ils sont tous faux, intéressés, trompeurs, envieux, ingrats et fripons; il n'y a de différence que dans les formes.

— Comment ! s'écria Léonard presque effrayé, point d'honnêtes gens nulle part? — Mon cher, ce n'est point là mon idée, je ne veux pas frapper de proscription toute la société; mais je prétends que l'égoïsme est le seul mobile de tout le monde et de toutes les classes, et que les hommes et les femmes sont tous fourbes et faux, plus ou moins, sans exception. Il n'y a pas plus de sincérité et de mœurs dans la classe bourgeoise qu'il n'y a de franchise et de délicatesse dans les courtisans, de reconnaissance et d'amitié dans les princes. Rapportez-vous-en à moi : j'ai été nourri dans le sérail, j'en connais les détours, et je sais d'expérience que l'intérêt fait, dans l'occasion, de l'homme le plus probe un fripon, et de la femme la plus sage une... vous m'entendez... Mon ami, pas de peut-être, comme disait Piron.

— Ah! s'écria Léonard avec humeur, vous me révoltez par ce tableau de la société. Est-ce possible! où sommes-nous donc sur la terre? De sorte que vous n'accordez rien à l'enthousiasme ni aux opinions désintéressées? — Je ne les conçois même pas, car j'ai si souvent vu l'enthousiasme céder à la séduction, et les intérêts se cacher derrière les opinions! — Vous n'êtes donc point susceptible de céder à l'un et de sacrifier aux autres, vous, monsieur? — Ma foi, non s'il faut que je vous l'avoue, parce qu'il m'a semblé, depuis que j'existe, qu'il n'y avait que du calcul dans les actions des hommes, de l'intérêt personnel dans leurs sentimens, et de la ruse dans leurs démonstrations. — Cependant on en a vu qui se sacrifiaient ou pour une cause ou pour une opinion, et qui ont renoncé à toute fortune pour des principes; il en est qui ne consultent que le sentiment ou le courage; depuis quarante ans on en a vû des milliers d'exemples. — Ah!.... eh bien! c'étaient des dupes. Les hommes qui ont du bon sens ne voient en toutes choses que ce qu'il y a à perdre ou à gagner, et ne se mettent jamais en avant sans cela.— Monsieur!... mais, en vérité, cela est bien fort, et je n'avais donc pas besoin, moi, de venir à votre secours? je ne vous connaissais point, et j'aurais plutôt eu des motifs de vous laisser rosser complètement par ce butord, pour qui vous êtes un concurrent, moi pour qui vous êtes peut-être un rival.

A ces mots, l'épicier devint rouge cramoisi et fut dans une confusion si grande qu'il ne put dire un mot pendant cinq minutes. — Ah! reprit-il enfin en balbutiant, je n'ai pas prétendu nier... toute générosité... vous auriez tort de me prendre pour un athée en sentiment..... je le suis si peu, que j'ai pour vous..... une reconnaissance.... inexprimable.

Là-dessus voilà notre discoureur qui s'anime, qui se répand en belles protestations d'amitié, et qui accable de remercîmens et de promesses ce pauvre Léonard par qui il avait été honteux d'être surpris en profession de foi d'égoïsme financier et mis en contradiction avec ses paroles intimes ; c'est alors un torrent de belles phrases telles que celles-ci : « Mon ami, je n'oublierai jamais l'important service que vous venez de me rendre ; vous n'avez pas affaire à un ingrat ; vous êtes un jeune homme admirable, étincelant de bravoure et rempli de dévouement ; sans vous j'étais gravement compromis. Je suis on ne peut plus heureux de vous avoir rencontré ; je suis prêt à tout faire pour vous. Les jeunes gens tels que vous sont précieux, et vous méritez d'occuper une position sociale avantageuse. Ma protection vous est acquise ;... je veux dire mon amitié.

Léonard avait trop de sincérité et

de jeunesse pour prendre tout cela pour des lieux-communs ou de l'eau bénite de cour. — Mon Dieu! monsieur, répondit-il, vous élevez trop une action toute simple! Moi, voyez-vous, que suis-je? un bon enfant, un garçon qui ne demande pas mieux que de donner un coup de main. Je sors de la Garde Royale, j'ai l'humeur naturellement guerrière, et je suis prévôt d'escrime. J'aime les armes, quoique sans vouloir en faire une profession continuelle, et les combats sans les chercher. D'ailleurs, je ne peux pas voir tranquillement un homme molesté par un autre avec qui *il n'est pas de force*.

Ici l'épicier se sentit un peu humilié, mais dissimulant: — Oh! s'écria-t-il, vous avez un beau caractère, vous êtes un jeune homme, là, solide, un de ces hommes que j'aime bien mieux que ceux de l'espèce des fats, des fachonables. Fi donc! ces gens-là ne sont bons à rien; ils sont mous, efféminés, pusillanimes. Il ne faut pas que les jeunes gens soient trop bien élevés pour être braves.

— Ah! pourquoi donc cela, monsieur? mais j'en ai vu qui avaient reçu une brillante éducation et qui étaient d'une valeur à toute épreuve; et d'ailleurs, sans être de cette classe, je ne suis pas tout à fait de l'autre. — Oh! mon ami, gardez-vous de croire que je vous aie regardé comme étant de la classe des mal élevés vous n'avez pas même l'air commun, pour un jeune militaire qui n'a point vécu dans le grade d'officier. Diable! vous avez de l'esprit et du raisonnement et vous venez de me faire des observations assez fines. Il paraît que vous êtes prévôt aussi en argumentation, et que vous savez pousser des bottes avec la parole comme avec le fleuret.

Et l'épicier se mit à rire de ses propres discours et se trouva en gaîté. — Mais, à propos, ajouta-t-il, qu'entendiez-vous donc il y a un instant en me traitant de rival? J'ai laissé passer cela...

— Oh! peu de chose, interrompit Léonard, je voulais dire que vous sortiez de chez une personne qui me plairait beaucoup... si... j'étais en position de penser à une femme.

— Ah! ah! répondit l'épicier d'un air fin et intrigué, est-ce que vous lui plairiez, vous, par hasard?—Oh ! je ne dis pas cela.

Ici l'intention de Léonard était de laisser venir son homme.

—Eh bien! reprend l'épicier, d'un ton étudié, et d'un air d'intention que Léonard n'était pas assez pénétrant pour apercevoir, je suis le parrain de cette jeune fille, voilà tout le mystère... je n'y prétends rien personnellement.

— Vraiment ! s'écria vivement le jeune homme, je vous croyais son bienfaiteur, son protecteur, son entreteneur, enfin pour trancher le mot technique...—Oh!... non, non...

je ne suis que son parrain, vous dis-je. Est-ce que vous l'épouseriez si vous pouviez? Là, avouez-moi cela... sans crainte. Ne suis-je pas votre ami le plus dévoué à présent?

Léonard, dupe de cette question adroite, répondit : — Oui, j'aimerais à être son mari, ou même son amant, car, voyez-vous, je suis, moi, sans préjugés là-dessus, je ne crois pas que le titre fasse la morale, mais qu'elle n'est que dans la manière de se conduire avec une femme. — Ah! c'est parler en philosophe du jour, en disciple de Voltaire ou de Diderot; on voit bien que vous êtes un jeune libéral imbu des auteurs du 18e siècle. — Ah! je vous en réponds; je les ai tous lus, je les connais tous. — Eh bien, soit! On peut vous aider à obtenir sa possession à quel titre vous voudrez. Comme je vous l'ai dit, je suis son parrain, et, je vous le répète, je veux vous faire avoir dans une grande maison une place qui vous procurera une existence aisée, où vous serez à même d'avoir une femme, et même des enfans si cela vous amuse. Mais ma filleule a-t-elle quelque goût pour vous? car je ne demanderai pas si vous avez eu des relations ensemble, vous n'en êtes pas là à ce que je vois. Voyons... ne dissimulez rien... déboutonnez-vous... je ne veux que vous servir... je veux être votre ami de cœur. — Eh bien! elle m'aime, elle m'épouserait dès demain si j'avais un état ou s'il m'arrivait une des successions que j'espère... Apprenez donc que nous n'attendons que cela pour *nous mettre ensemble*, là, en propres termes.

Sur cet aveu obtenu par son patelinage rusé, l'épicier, surpris, se détourna pour se mordre les lèvres. Malepeste! pensa-t-il, voilà un gaillard qui est épouvantablement près de me couper l'herbe sous le pied... Puis, se tournant après avoir composé sa figure et de l'air le plus amical et le plus ouvert : — Allons! c'est parfait, je suis bien aise de savoir cela; je ne voudrais pas l'ignorer pour vingt mille francs. Vous verrez bientôt, mon ami, si je suis reconnaissant et généreux.

La voiture cependant avait pris par la rue de Richelieu sur l'ordre de l'épicier : celui-ci soudain la fait arrêter devant une belle boutique de coiffeur, où il descend avec Léonard, dans le dessein de se procurer un toupet. Il en essaya en présence de son compagnon un grand nombre sans en trouver un seul qui lui allât. Pendant ce temps, Léonard, qui, comme dessinateur, avait des notions de craniologie et de physiognomonie, ne vit pas sans étonnement la conformation diminutive de la tête de l'épicier, dont la figure offrait un triangle, soutenues par des mâchoires babineuses qui en faisaient la base. — C'est singulier, se disait-il, quel front comprimé, quoique long! quelle sommité resserrée de la boîte osseuse! Ah! cet homme-là n'a pas de génie; il parle facilement, il est bavard même, mais il n'en est pas moins épicier de cervelle comme de profession.

Cependant l'épicier gémissait de ne pas rencontrer dans ce magasin de cheveux un toupet aussi beau que celui qu'il avait perdu à la bataille ou collision de la rue de la Perle. — Je vois, s'écriait-il, qu'il en est des toupets comme des melons, des femmes, des chevaux et des gens d'affaires : il en faut essayer cinquante *sans* en trouver un bon.

Le coiffeur, désolé de ne pas pouvoir vendre, comme l'épicier de ne pas pouvoir se rajeunir, lui dit qu'il en avait bien un à peu près comme il semblait le désirer, mais qu'il était d'un prix qu'il ne voudrait probablement pas mettre : il ne s'agissait pas moins que de quatre cents francs.

— Comment ! s'écrie l'épicier étonné, d'un ton rugissant d'économie, un toupet quatre cents francs ! Il est donc fait avec la barbe du schah de Perse, qui est du plus beau noir de jais qu'il y ait dans l'Asie ?

— Oh ! non pas, reprend le coiffeur, mais il est fait des cheveux d'un homme bien plus célèbre que tous les *chats* gris ou noirs de la terre, c'est du fameux Bergami, le... — De Bergami ! juste ciel ! et comment se fait-il que cet homme, qui devrait être riche depuis long-temps des bontés de la Faustine anglaise, ait été réduit à vendre ses cheveux ! — Ce n'est pas non plus par nécessité, quoiqu'il eût fait une jolie fortune au service intime de la reine d'Angleterre, il était aussi intéressé que s'il eût eu besoin de pain. C'était un luron qui aurait tiré parti d'un fétu, et qui faisait argent de tout.

— Ah! je l'estime beaucoup alors, interrompit l'épicier.

— Et moi de même, reprit le coiffeur, parce que je ne lui dois rien. J'étais à Londres lors du grand procès où il a figuré d'une manière si dramatiquement bizarre. Ayant remarqué qu'il avait une chevelure et des favoris admirables, et ayant eu occasion de le voir chez une duchesse qui en avait fait son amant, je lui dis en riant que j'achèterais bien cher ses cheveux s'il voulait me les vendre. Quel ne fut pas mon étonnement! lorsqu'il me répondit qu'il ne demandait pas mieux, et que si je lui en voulais donner 20 guinées, et favoris compris, il s'en dépouillerait en ma faveur, vu qu'il allait partir dans deux jours, et qu'avant qu'il fût retourné en Italie tous ces ornemens de la nature auraient le temps de repousser en aussi bel état. C'est marché conclu, lui dis-je. Alors, le jour de son départ, je vais chez lui, je fais un abattis de sa chevelure noire, la plus belle de l'Europe, chevelure digne d'Apollon s'il n'était pas blond; je lui rase avec soin les favoris non moins beaux, et je lui fais signer un certificat du tout que j'ai pris soin de faire légaliser. Comme de ces cheveux sans pareil je fis quatre beaux toupets, dont j'en ai déjà vendu trois à 800 francs chacun, je vous donnerai celui-ci à 400 francs, parce que les vers pourraient s'y mettre si je le gardais encore un an.

Le coiffeur dit, et court à son entresol, d'où il rapporte un superbe toupet presque aussi ample qu'une perruque, avec deux favoris de toute beauté pour appendices. — Essayez-moi cela, dit-il à l'épicier. En effet, l'objet se trouve aller admirablement à celui-ci, et si le caniche maudit de la rue de la Perle n'eût emporté le sien, il croirait qu'une main officieuse ou friponne l'a rapporté là au galop, tant il lui ressemble, car notre héros portait toujours le plus beau toupet du siècle.

— Diable! disait-il, 400 francs! le mien ne m'en coûtait que 40, c'est dix fois plus. Il est vrai que je fournissais les cheveux que je faisais couper à l'un de mes enfans.... ou à quelque cocote de ma connaissance. Mais dites donc, coiffeur, vous nous en contez-là, mon ami, avec votre Bergami : il en est sans doute des cheveux de ce fameux favori de reine, comme des rideaux de la chambre à coucher de Voltaire à Ferney, dont on a coupé dix mille aunes de morceaux depuis sa mort.

— Oh! monsieur, répond le coiffeur, faites-moi l'amitié de lire ce qui est écrit dans la coiffe du toupet.

L'épicier lut en effet dans la soie sur laquelle il était implanté un certificat écrit en entier et signé de la main de Bergami, et légalisé par la chancellerie de Londres, constatant ue ledit toupet était fait avec les cheveux et favoris dudit Bergami.

— Tout cela est bel et bon, coiffeur! s'écria l'épicier, mais je ne suis pas, moi, un amateur de curiosités, et ce serait une folie, une excentricité anglaise de payer un toupet si cher.

— Dame, répond le coiffeur, je n'en ai pas d'autre, et vous en trouveriez difficilement chez mes confrères qui fût absolument comme celui-ci, la rareté mise à part.

— Mais, reprend l'épicier, si vous vouliez être payé en marchandises, je pourrais m'en accommoder, quoiqu'à regret en vérité, car je ne fais guère de cas de ce qui vient d'un pareil pendart; et pour moi, homme marié, ce serait un contre-sens de porter les cheveux d'un garnement qui a injurié l'honneur conjugal d'un mari de mon... d'un honorable mari enfin. — Eh bien! je vous jure que deux princes, dont l'un est souverain en Allemagne m'ont acheté deux de trois autres, quoiqu'ils aient femme et enfans.

— Quoi! vraiment?... mais c'est original. — Tenez, il y a un R... de la maison de W...., si vous ne le trouvez pas sur sa tête aujourd'hui même, je veux mourir. — Ah! je n'en reviens pas, c'est étrange! c'est singulier! allons, tenez, je n'en ai pas pour le moment d'autre chez moi et je ne peux y rentrer sans en avoir un; vous allez profiter du besoin, je veux bien faire la folle dépense de celui-ci, pourvu que vous veuilliez recevoir en payement du sucre, du café, du chocolat, de l'indigo, de l'huile et du savon. — Oh! mon Dieu, quelles drôles de valeurs vous m'offrez! hum!.... eh bien! j'y consens, mais je ne prendrai toutes ces drogues qu'au prix marchand, je vous en préviens. — Allons donc! vous êtes bien juif, coiffeur; mais moi qui suis marchand aussi, est-ce que je puis donner ma marchandise au prix coûtant quand vous-même gagnez sur celle que vous me vendez? Ce doit être un échange entre nous. — Parbleu! mais je vous donne en revanche mon toupet à moitié prix de ce que j'ai vendu les autres, notamment celui que j'ai vendu au prince de B.... — Ah! ah! voilà un mensonge pour le coup. Quoi! un prince aussi marquant dans les maris affligés ou misantropes ! — Demandez-le plutôt à qui vous voudrez, s'il ne le porte pas même avec ostentation, même encore à chaque présentation, et à Vienne aussi les jours de gala.

L'épicier en ce moment tira sa montre, et s'écria : Mon Dieu! qu'il est tard ! allons finissons-en. Demain vous recevrez pour quatre cents francs de mes denrées coloniales à prix marchand avec facture. En attendant, voici une bague qui vous servira de garantie. — Mais ce n'est pas nécessaire, dites votre domicile seulement. Monsieur est sans doute négociant en épicerie, peut-être rue des Lombards ? — Non, non, je ne suis pas de Paris ; tenez prenez cette bague, et dépêchons ; j'ai hâte.

Le coiffeur aussitôt, avec une dextérité et une élégance qu'on ne trouve que chez ceux des beaux quartiers, posa la coiffure bergamique et peut-être bergamasque sur la tête auguste... du plus grand des épiciers, lequel fut enthousiasmé autant qu'il était capable d'enthousiasme de l'identité de bon air et de convenance de ce toupet adultère avec le toupet légitime perdu.

Etant remonté en voiture avec Léonard il lui dit : Vous venez de voir ce que c'est que la classe marchande. Vous ne la connaissez peut-être guère.

— Il est vrai, répond celui-ci, je n'ai pas vécu parmi les marchands, je n'ai eu de rapport avec eux que pour leur peindre des enseignes. — Eh!

bien! mon ami, il y a à parier quadruple contre simple que le toupet que je viens d'acheter si cher ne provient pas plus de Bergami que de vous, et vous devez être étonné de me l'avoir vu prendre à un si haut prix, vous m'aurez jugé un peu jobard, n'est-ce pas? — Non, je vous jure; seulement, d'après votre qualité d'épicier, j'ai été surpris de vous le voir acheter si cher. Je ne croyais pas qu'il y eût dans l'univers un seul épicier qui fût aussi amateur de curiosités. — Bien, bien, le mot est bon; mais savez-vous, jeune homme, que vous avez plus d'esprit quatre fois que ne doit avoir un peintre d'enseignes, un prévot de salle et un troupier réunis? En vérité, vous vous en tireriez bien dans un cercle. Mais pour répondre à votre observation, je vous dirai d'abord que je suis dans la dépendance absolue d'un toupet en ce moment, que je ne suis pas sûr d'en retrouver un pareil dans tout Paris, parce qu'il n'y a personne au monde qui porte un toupet d'une forme particulière comme ceux que je porte d'habitude; que si je rentrais sans toupet dans mon quartier, dans ma maison, je serais un homme perdu, par des raisons que je ne peux pas vous rapporter. Vous n'avez pas d'idée de la part de mon toupet dans l'exercice de mon autorité; je ne pourrais me faire obéir de beaucoup de gens, je ne pourrais en imposer même à ma femme et à mes enfans qu'avec le toupet sur la tête; je le garde jusque dans le lit conjugal, et je veux bien vous faire une confidence, c'est que je le mets moi-même... ce toupet sans l'aide de mon valet de chambre! Enfin c'est un palladium, un talisman pour moi.

Ah! ah! ah! c'est singulier! vous avez donc un valet de chambre? — Oui, oui... c'est simplement... un garçon de mortier qui m'en sert. — Oh! vous avez, il est vrai, la tête prodigieusement chauve. — Hélas, oui! et la nature m'a surtout refusé du toupet; à dix-huit ans c'est tout au plus si j'en avais. Vous avez d'ailleurs dû voir combien ma figure et ma tête perdent à n'avoir pas cet ornement.

— Je crois, pensa Léonard, que ce brave homme n'a pas plus de toupet au moral qu'au physique... La manière dont il s'est laissé culbuter là bas, prouve aussi que ses jambes ne sont pas plus solides que sa chevelure n'est réelle, à moins qu'il ne soit un Samson.

— Et, continua l'homme au toupet palladium, je vous dirai en outre, que je suis sûr de placer ce toupet sur la tête d'un prince, dès demain, si je veux à cinquante pour cent de bénéfice, aussitôt que j'en aurai fait faire un autre, ce qui est l'affaire d'un jour.

La voiture passait en ce moment dans la rue de Provence. Un groupe de sept ou huit messieurs bien mis, salua avec empressement l'épicier dont ils aperçurent la tête majestueuse. Déjà, sur le boulevard des Italiens, cinq ou six cavaliers s'étaient arrêtés tout court, en le voyant par la portière au fond de cet équipage de place. Le salut que lui firent ces derniers, fut suivi de celui de trois ou quatre dames brillantes, allant en calèche. Tout cela étonna Léonard, qui ne savait que penser de son homme en blouse. Il a de belles connaissances cet épicier, pensait-il. L'épicier, qui d'abord avait l'air embarrassé, parut se raviser. Et vite il lève les glaces, et ordonne au cocher de faire le grand tour par le faubourg Saint-Honoré.

— Oh! s'écria-t-il, j'ai oublié mon bonnet de soie chez ce fripon de coiffeur. Et comme il découvrit une boutique de chapelier: — Obligez-moi, dit-il à Léonard, de descendre ici et de m'acheter une casquette, la première un peu propre qui se présentera; voici dix francs. Je ne pensais plus à cette diable de casquette perdue là-bas.

Léonard descendit chez le chapelier et y trouva par hasard une casquette pareille à l'autre, autant qu'il pouvait s'en souvenir.

— A présent, reprit l'épicier tranquillisé, fouette cocher! et que rien ne nous arrête plus jusqu'aux Batignoles.

Cela fini, arrivés à cette barrière, ils descendirent chez le père Latuile, où l'épicier se fit donner un cabinet et voulut régaler Léonard d'une belle volaille aux truffes et d'une bouteille de Chambertin. Léonard n'avait pas faim, mais l'épicier se mit à manger comme quatre. — Je ne dois, lui dit-il, dîner qu'à sept heures chez moi où j'ai des invités ; quelque jour je veux vous donner à dîner, mais en très-petit comité chez un restaurateur, car figurez-vous que je mange très-peu à la maison, et cela à dessein, afin de tenir en respect l'ardeur des bouches qui sont en ma présence, de sorte que l'on me croit sobre et petit mangeur. Mais je mange beaucoup, au contraire, et je suis même gastronome ; aussi je me dédommage en secret. C'est comme sur le chapitre des femmes, ajouta-t-il après avoir versé une rasade pour laquelle Léonard trinqua avec lui, et qui les rendit gais tous deux, tout le monde me croit un saint ou un sage de la

Grèce en fait de concupiscence ; allez, mon cher ami, je ne m'en refuse pas le moins du monde en fait de femme, et il m'en faut plus d'une, tel que vous me voyez, moi, homme plus que quinquagénaire, et qui n'a plus... de cheveux.

— Je le crois, répondit Léonard, les marchands ont des maîtresses à l'instar des princes* aujourd'hui. Aussi, que de faillites! mais pour vous qui êtes riche, vous en avez sans doute plusieurs, et il vous les faut grandes et belles peut-être...

Il y avait dans cette observation une finesse peu ordinaire à Léonard et qui n'échappa point à notre épicier que le vin de Chambertin n'étourdissait pas. Voyant qu'il s'était trop avancé, il répondit : — Ah ! ah!

doucement, n'allez pas croire ce qui n'est point : j'ai à la campagne une connaissance, c'est tout ce qu'il m'en faut; ce que j'en ai dit, c'est *histoire de rire*, comme disent les gens du bas peuple. Il me faut de l'amour tout fait, voyez-vous, et je l'achète, parce que je n'ai pas le temps de le faire; c'est une cuisinière, mon bon ami, pas plus que cela : les belles dames m'ennuient et me coûteraient trop cher. Celle que j'ai est une de ces bonnes dondons bien étoffées; on me l'a envoyée d'Amsterdam, mon cher ami.

Et ici il ajouta avec un air mystérieux d'épanchement confidentiel en prenant le bras de Léonard : — C'est une beauté du Zuiderzée, une femme qui n'a que vingt ans, et qui a déjà un dos large comme cette table, et le reste en proportion.

Cela dit, l'épicier, que la prudence et la ruse n'abandonnaient pas, même le verre à la main, étant à la seconde bouteille, se sentit joyeux, et de la poularde truffée qu'il avait mangée seul toute entière, et d'avoir dépassé adroitement Léonard à qui, au reste, il disait une partie de la vérité.

— Mais, ajouta-t-il, vous allez juger de ma générosité; vous qui avez paru soupçonner que j'en manquais. Je vais la donner à mon fils, cette maîtresse, pour détourner les sensations neuves d'adolescent, qui prennent un cours nuisible à ses intérêts et à mes desseins. —Quoi! votre fils est-il déjà trop dissipé?

d'ailleurs, il y a bien des pères qui s'assurent ainsi de la sagesse des leurs. — Eh ! non, au contraire, c'est qu'il est trop sage, trop romanesque...

Il tira de nouveau sa montre en ce moment.

— Ah ! mon Dieu ! dit-il, déjà trois heures ! allons, il faut que j'achève l'affaire pour laquelle je vous ai amené ici. Et il se fit donner du papier et une écritoire.

— Vous m'avez recommandé de vous rappeler le prince de la Paix, lui dit Léonard. — Oui, oui, mais je ne l'ai pas oublié, c'est justement pour cela que je me dispose; il m'est venu une idée excellente depuis tantôt, et après que vous m'avez eu parlé de ma filleule. Ah! ça, vous l'aimez décidément, n'est-il pas vrai? — Oh! oui, c'est une vérité de fait et de sentiment. — Elle vous aime sans doute aussi? — Je le crois; mais autant qu'on peut aimer une femme avec qui l'on n'a...

Ici Léonard hésitait.

— Avec qui l'on n'a point couché; voilà ce que vous voulez dire, s'écrie l'épicier dont le regard était malignement interrogateur. — Précisément.

— Bien sûr, vous n'y avez pas touché? — Oh! non, parole d'honneur. — Foi de brave? — Oui foi de brave, si vous voulez. — Mais vous avez l'extrême désir de l'épouser, de la posséder de manière ou d'autre? — Oh! oui, le désir bien ardent, au point que si demain l'un des héritages que j'attends m'arrivait, je la soufflerais sur-le-champ à celui qui.... — L'entretient n'est-ce pas? Eh là! il est bien campé ce brave homme, à ce que je vois. Allons bon! je vais arranger tout cela, et j'espère fixer votre sort à tous deux.

Aussitôt l'épicier se met à écrire une lettre qu'il met vingt minutes à terminer. Elle ne contenait pourtant que peu de lignes; mais elles étaient frappées au bon coin.

La voici :

« Ma chère Baronne, je vous » adresse un jeune homme dont je » connais le caractère, l'intelligence » et la fortune. Il est tel qu'il le faut » d'après ce dont nous sommes con- » venus; il ne tiendra qu'à lui de » mériter votre bienveillance. Dans

» votre intérêt comme dans le mien,
» vous ne sauriez mieux faire que
» de vous assurer de ses intentions et
» de ses services. Je vous le recom-
» mande vivement; il mérite une
» considération toute particulière.

»VOTRE ÉPICIER.»

— Mon ami, lui dit l'épicier, il s'agit ici d'une place qui n'est pas de moins de 6000 francs, sans compter la perspective, suivant que sera votre conduite. Il n'y a pas de temps à perdre, partez ce soir pour Chambly, et allez demain matin présenter cette lettre à la baronne de Hardrope, chez le prince de Valfrémont, et vous aurez cette place. Si vous différiez d'un jour, après demain il serait trop tard.

Léonard plein de joie et ne doutant pas qu'il n'allât faire fortune, se répandit en remercîmens.

— Vous me devez moins de reconnaissance, lui répond l'épicier, que vous ne l'imaginez; ce serait plutôt moi, si votre amour ne nous mettait quitte à quitte. J'agis plus dans mon intérêt que dans le vôtre, soyez-en sûr, et par la suite vous serez libre de m'avoir de l'obligation, si vous le voulez. En attendant acceptez comme cadeau d'ami ces six louis pour frais de voyage ; j'ai assez de fortune pour vous en donner vingt fois plus; mais je ne pourrais vous les offrir en ce moment qu'en sucre, en huile et en café, comme au coiffeur sur qui, par parenthèse, je compte gagner plus qu'il ne croit, car c'est un fripon qui en sait moins que moi. Adieu, je vous ferai savoir de mes nouvelles avant peu.

Et après avoir donné une accolade pleine d'effusion à Léonard, il remonta dans la voiture qui les avait amenés, et qui se dirigea sur la route de Clichy.

XI.

Léonard, resté seul, était tout étourdi de cette aventure. C'était la journée la plus importante de l'histoire de sa vie, et les événemens y avaient été si frappés et si majeurs, qu'il était ébloui de leur réalité comme de leur singularité. Une déclaration d'amour, des promesses de félicité, un avenir riant, une intervention opportune dans une altercation inattendue; un bienfaiteur en blouse, sortant de chez sa protégée pour être décoiffé par un boxeur brutal qui, ensuite, est renversé, la tête dans un seau d'eau de puits; un chien caniche emportant un toupet; un épicier en détail achetant à un prix fou les cheveux d'un Bergami, et les payant en cassonnade et autres denrées; ambigu dans ses paroles, bien que boutiquier dans ses actions, ayant de belles relations dans le haut parage, et faisant avoir une place importante à un prévôt de salle chez une baronne inconnue: tout cela faisait dans la cervelle de notre jeune brave, semi-artiste et semi-bourgeois, un tableau ou plutôt un pêle-mêle qui l'avait enivré plus que n'auraient pu faire quatre bouteilles du Chambertin que l'épicier lui avait fait boire, et qu'il avait trouvé exquis, à sa grande surprise, vu qu'il sortait de la cave d'un traiteur de la barrière.

— Mais, pensa-t-il, est-ce qu'au lieu de tirer le diable par la queue, ce serait la fortune que j'aurais prise par la queue de sa robe? C'est plus tôt que je ne l'avais espéré. Il est vrai que j'ai déjà vingt-cinq ans. Cette place de 6,000 francs, c'est bien beau, et sans compter la perspective, comme a dit l'épicier. Quelle est donc cette baronne de Hardrôpe chez un prince de Valfrémont?...... Ah! mais à propos il me faut partir à six heures, ce soir; il en est bientôt quatre, c'est bien précipité. Pourquoi n'attendrai-je pas à demain? Oh! non, non!.... Diable! il m'a dit qu'il serait trop tard si je différais.

Léonard, prompt comme l'éclair, se décida à courir chez lui faire son paquet pour pouvoir se présenter décemment mis à la baronne. Il aurait pourtant bien voulu retourner à la rue de la Perle pour savoir les suites de la chute du gros provocateur, et lui donner rendez-vous pour se battre s'il était resté dans le voisinage. Cette idée-là le tourmentait beaucoup, car il était si scrupuleux du point d'honneur et si enthousiaste du duel, qu'il aurait quitté, pour cette cause, la maîtresse la plus chérie, le plus bel assaut d'armes, et la plus belle enseigne à peindre. Mais il réfléchit que s'il retournait sur le lieu de la scène il serait dans le cas de revoir Joséphine, et que tout cela l'attarderait. D'ailleurs, comme il comptait revenir le surlendemain, il calcula qu'il serait encore temps de s'informer de ce qu'il voulait apprendre. Les affaires avant tout; c'était depuis quelque temps sa maxime, car ses lectures lui avaient bien formé l'esprit depuis un an. Il avait des moyens naturels, notre Léonard, bien au-dessus d'un artisan et d'un soldat qui ne sont qu'artisan et soldat.

Il prend une résolution prompte, monte en voiture avec son paquet et arrive à Chambly, juste pour le coucher. Le lendemain matin, il va ponctuellement présenter sa lettre à madame de Hardrôpe qui demeurait à une lieue de là, dans un grand château entouré d'un grand parc.

La baronne était en particulier avec le prince de Valfrémont, au moment où Léonard la fit demander. On le fit attendre sept grands quarts d'heure, pendant lesquels il s'ennuya beaucoup, parce qu'on ne lui permit pas de se promener dans une belle allée dont le commencement aboutissait à la salle où on l'avait fait entrer. C'était l'étiquette de la maison; mais pour se dédommager il avait toute liberté de contempler huit tableaux et huit gravures représentant des chasses à courre et des chasses au renard; ce n'était du haut jusqu'en bas que chiens lancés sur des cerfs et des sangliers, que chevaux, que piqueurs, que valets de livrée le cor à la main.

Léonard méditant sur ces intéressans objets jugea aisément que le maître du lieu était une espèce de monomane de la chasse. Il l'avait déjà soupçonné à la vue de quatre superbes bois de cerfs, attachés aux côtés de la corniche de la grand'-porte du château, à propos de quoi il avait entendu deux causeurs populaires de l'endroit faire des plaisanteries, parler d'emblème et de cornes, et se moquer même du prince propriétaire.

Quand il fut admis devant la baronne, ce qui ne se fit pas sans cérémonie et sans avoir été annoncé sucessivement par cinq ou six valets à riche livrée, il vit une femme d'environ 36 ans, assez belle, fraîche, ayant une figure qui exprimait un mélange de hardiesse, de dureté et d'agrément; une teinte légère de mécontentement s'y faisait appercevoir. Elle prit la lettre de la main de Léonard, sans répondre d'abord à ce qu'il lui disait; mais sa physionomie s'éclaircit un peu quand elle en eut pris lecture.

— Mon épicier, lui dit-elle avec un air de supériorité gracieuse, a eu raison de compter sur moi en vous envoyant ici. Vous ne sauriez mieux être recommandé que par lui, et je suis disposée à seconder *en tout* ses intentions. J'ai, en ce moment, besoin d'un agent qui soit absolument dans mes intérêts les plus intimes; il aura un traitement assez considérable, et ne recevra d'ordre que de moi; en outre, j'aurai soin de sa fortune : voulez-vous être cet agent ?

Léonard, ébloui par la richesse du salon, la présence et le son de voix d'une dame d'un genre si distingué, lui qui n'avait jamais eu la moindre relation avec aucune personne du grand monde, répondit sans faire attention à la force des termes dans lesquels l'interrogation était faite, en balbutiant, et d'un air d'infériorité qui provenait plutôt de son défaut d'éducation primitive que de son caractère : — Madame la baronne.... certainement.... j'accepte avec empressement votre offre.... et suis ravi que vous vouliez bien.... m'agréer.... Je suis on ne peut plus.... disposé à suivre les ordres.... que vous voudrez bien me donner.

— C'est, répondit la baronne, l'impulsion des complimens, ou l'instinct de la cérémonie qui vous fait me répondre ainsi; mais ce n'est pas de la soumission de subalterne, c'est du dévouement que je désire. — Oh! je n'en manque pas ordinairement, et madame la baronne peut y compter particulièrement. — Mais c'est du dévouement absolu, du dévouement de toutes les occasions, entendez-vous? — Sans doute, mon dévouement sera absolu pour madame, et je ne crains pas de le lui promettre, parce qu'elle ne saurait que l'employer d'une manière louable.

Ces paroles, au lieu de plaire à la baronne comme le croyait ingénuement notre brave, lui firent, au contraire, froncer ses beaux sourcils; elle n'avait pas cru le personnage susceptible de pareilles restrictions.

— Vous me faites là, mon ami, lui dit-elle d'un ton de sévérité mitigée, une réponse qui n'est rien moins que satisfaisante; vous paraissez raisonner le dévouement, mais alors ce n'est plus du dévouement.

— Je n'ai pas cru que cela pût blesser madame la baronne, répondit-il d'un air confus, et je pensais que le dévouement était susceptible de distinction et de limites; mais je suis bien loin d'avoir aucune méfiance d'elle, et je lui réitère l'assurance du mien dans toute l'étendue qu'elle peut souhaiter. — Oui, c'est justement cela; mais réfléchissez-y bien, jeune homme, avant de vous engager, car c'est ici comme lorsque la mariée prononce le oui fatal à l'église. Le dévouement, pour être utile et bon, doit être illimité, car l'homme qui n'en a que pour un cas et qui craint d'en avoir pour un autre n'est pas réellement dévoué. Il faut nécessairement que le dévouement soit un peu aveugle, là s'il faut trancher le mot, sans quoi il est de peu de valeur. Certainement, si je m'avisais de vous dire : « Prenez votre fusil à deux coups et tirez par une fenêtre du pavillon qui donne sur la route sur le premier individu qui va passer, vous ne devriez pas m'obéir, parce que je vous donnerais là des preuves d'aliénation mentale; mais si j'avais besoin de votre ministère pour quelque action grave et délicate d'où dépendissent mon sort et mes intérêts les plus chers, que feriez-vous ? — Mais... madame, je ferais ce que vous voudriez.

— Ah! bon, ceci ! s'écria la baronne du ton d'nne grande satisfaction, voilà qui est répondre ! De sorte que si je vous disais : « Il faut exécuter ceci, ou je suis perdue, ou il y va de ma fortune, » vous m'obéiriez sans raisonner?

— Oui, madame, répondit Léonard avec un empressement qui résultait de ce qu'il n'imaginait point quelle tendance cette question pouvait avoir. La baronne, qui était pénétrante et dont le regard plongeait dans les yeux de Léonard comme celui d'un juge d'instruction de Paris sur la figure d'un voleur novice, la baronne ne vit que de l'ignorance et de la bonne foi un peu bête dans cette réponse.

— Pour en finir, je vous demande, ajouta-t-elle d'un ton positif et en même temps cajoleur, si vous consentez à avoir pour mes intérêts et mes volontés un dévouement sans bornes et sans scrupule. Il n'y a pas à hésiter ici, décidez-vous, mon ami; il me faut de l'abandon de votre part, si vous voulez que je sois votre protectrice et que je me charge de votre fortune.

— Eh bien! s'écria Léonard d'un ton tout-à-fait résolu, et, plus que tout, craignant la baronne, qui lui imposait, comme jamais femme ne lui avait imposé, oui, madame, comme vous le voulez, *sans bornes et sans scrupules*. — Allons, il suffit, c'est parfait ; il me faut, voyez-vous, mon ami, quelqu'un qui ait du courage à tout faire, du caractère... qui soit, là... tout-à-fait un homme d'exécution.

Léonard, qui avait été soldat et qu'on avait accoutumé à avoir les armes chargées afin de tirer au besoin sur les rassemblemens, au risque d'y tuer ses amis, son père, sa mère et même sa maîtresse, s'ils s'y trouvaient, ne crut rien voir dans les conditions exigées par la baronne qui dépassât l'obéissance passive militaire.

— Oh ! madame saura, lui dit-il, que j'ai du caractère, mais, là, du solide, et pour le courage autant que poitrine d'homme en peut tenir ;... j'entends d'homme véritable, et non de ces hommes qui craignent tout, qui raisonnent sur tout, de ces hâbleurs, de ces empressés qui font des embarras, et qui, à la première botte imprévue, rompent de toutes semelles. Excusez-moi l'expression.

La baronne rit de cette locution de salle d'armes, et lui demanda quelles étaient ses occupations, son état actuel et son dernier état, en lui disant qu'elle aurait dû commencer par-là, mais que la recommandation de son épicier l'avait d'abord empêchée de faire ces questions, les premières qu'on adresse à tout homme qu'on veut employer.

Quand il lui eut appris qu'il était prévôt d'armes, et qu'il avait été trois ans dans la Garde Royale, elle fut dans un contentement extraordinaire, qu'elle témoigna à notre brave avec un abandon qui l'étonna, tant il était affectueux.

— Ah! vous êtes maître d'armes! dit-elle, c'est excellent; ainsi vous pourriez vous battre pour moi s'il le fallait?

— Oh certainement! de grand cœur! répondit Léonard avec énergie, ne pensant qu'aux cas où il faudrait défendre la baronne ou sa réputation, et je verserais tout mon sang pour madame.

Cette réponse la transporta, et elle répéta: — Ah! vous avez été de la Garde Royale! Eh bien! dans ce corps on accoutume les hommes à exécuter tout sans exception; et si l'on vous avait ordonné de charger du sabre ou de la baïonnette sur la foule, l'auriez-vous fait? — Sans doute; mais je dirai aussi à madame la baronne que c'est pour cela que j'ai demandé mon congé; je ne voulais plus être exposé à me battre contre le peuple. — Oui, je conçois cela, et d'ailleurs vous auriez fini par être lapidé; c'est jouer gros jeu que d'attaquer tout un peuple, et je crois bien que si notre cousin Charles X s'avise de faire recommencer des fusillades, mais sur un plus grand plan, on ne lui écharpe sa garde, et qu'on n'aille le relancer aux Tuileries, où il séjourne sans en penser plus long qu'un cerf à la reposée. C'est aussi par trop exiger d'un militaire pour de misérables épaulettes de laine, une paie de quelques sous de plus que celle de la ligne, et une perspective maigre d'avancement borné, que de le mettre souvent entre ses devoirs et ses liens d'affection ; mais lorsqu'il s'agit pour lui d'une fortune, cela devient bien différent.

La baronne, en disant ceci, n'avait pas compris le sens patriotique et libéral de l'observation de Léonard, qui, avec tout son esprit naturel, lui répliqua assez bêtement : Ah! c'est vrai, madame a raison...

— Enfin, reprit-elle, voilà qui est convenu, je puis vous regarder comme un homme à moi?

— Oui, madame. — A la vie, à la mort. — Oui, madame. — Allons, c'est arrêté, et vous pouvez regarder dès à présent votre fortune comme faite. Il y a long-temps que le... je veux dire que mon épicier et moi cherchions un homme de cœur et de tête comme vous, mon ami. Ce soir, je vous appellerai pour causer avec moi d'une affaire des plus délicates, où vos services seront nécessaires. On va vous loger dans un petit appartement donnant sur le parc et sur la grande route, où vous pourrez paraître et disparaître commodément. Vous prendrez vos repas avec mon secrétaire des commandemens, qui est un jeune homme sûr et dévoué, comme j'ai besoin que vous soyez. Vous vous amuserez à chasser dans les environs tant que voudrez, pourvu que vous me fassiez savoir l'endroit à peu près où vous irez, et vous aurez en tout temps avec vous un fusil de chasse à deux coups, et sur vous du gros plomb et des chevrotines; en outre, vous aurez toujours prêt un autre fusil à deux coups, chargé à balles, parce que, voyez-vous, je me promène souvent dans le parc, et, comme il s'y trouve nombre de sangliers, des loups et même des serpens et autres animaux malfaisans, et....

— Des ours peut-être? interrompit naïvement Léonard.

La baronne rit et continua: — Il se pourrait qu'il s'y en fût introduit après s'être échappés d'une ménagerie, ou qu'il en rodât un par ici. Enfin, il faut que vous soyez prêt à tout instant à prendre ma défense. Vous serez mon garde-du-corps, voyez-vous, prêt à tirer sur un signe que je ferai, lorsque la grande bête que je crains pourra m'inquiéter trop...

— Mais, interrompit Léonard avec une vivacité militaire, quelle grande bête ose ordinairement attaquer quand les chiens ne la poursuivent pas?

La baronne sourit à l'interruption et répondit : — Mon ami, c'est que vous ne connaissez pas comme moi toutes les grandes bêtes de cet endroit; il en est une certaine contre qui j'ai été obligée de lutter, et qui me tient tête quelquefois; je vous conterai cela dans un autre moment. J'ai des ennemis, d'ailleurs....

— Quoi! interrompit derechef Léonard, car il était fort pour les interruptions, et il s'enhardissait depuis quelques momens, encouragé par l'affabilité que la baronne commençait à lui montrer. — Quoi! une aussi belle, une aussi aimable dame aurait des ennemis? — Mon ami, vous êtes anssi galant cavalier que brave garçon: eh bien! rien n'est plus vrai pourtant, j'ai un ennemi.... très-capital; il s'agit maintenant de sa vie... ou... de la mienne... s'il faut vous l'avouer.

— Ah! mon Dieu! est-il possible? s'écria Léonard avec étonnement...... Oh! alors, poursuivit-il avec feu, je vous promets de le mener vigoureusement s'il a affaire à moi.

— Oui, oui, répliqua la baronne avec une finesse inexprimable et un regard sinistre, il sera possible que vous ayez affaire à lui, et je serai peut-être obligée de réclamer votre secours.... avant peu.

En ce moment la porte du salon s'ouvrit inopinément, et Léonard vit paraître un vieillard grand et efflanqué qui était en veste de chasseur, en bonnet de soie et en pantoufles, et tout débraillé. Léonard aurait ri de cette vue étrange dans toute autre circonstance, comme d'une caricature. Le vieillard avait un regard assez imposant, quoiqu'un peu égaré, et l'on voyait qu'il avait dû être agile, bien qu'il commençât à se casser.

— *Direste* ! que venez-vous faire ici? lui demanda la baronne, contrariée de son apparition, d'un ton d'amitié un peu acidulé. Il y a bien long-temps qu'il ne vous était arrivé de venir ainsi me surprendre dans mon cabinet : vous voyez que je suis en affaire ; que voulez-vous!

— *Souitarte*! répondit-il d'une voix tremblottante, j'ai cru que vous étiez en conférence à mon sujet avec un avocat de mon cousin. — Vraiment, vous êtes fou, Direste! ce jeune homme a-t-il l'air d'un avocat, voyons? — Non, non, Souitarte! je me trompe; il a, ce qui vaut mieux, l'air d'un brave cavalier; mais comme on m'a dit qu'il avait prononcé mon nom à la porte, j'étais impatient de le voir, pour lui parler de notre affaire.

— Grand Dieu! répondit la baronne, en vérité, vous extravaguez Direste. Qu'ont de commun ce jeune homme et notre affaire? qui a pu vous informer comme cela de ceux qui entrent chez moi pour me parler? Ce ne peut être qu'un impertinent valet de chambre que je connais, ce vaurien d'André; mais vous aurez la bonté de le chasser dès aujourd'hui. — Mais quoi, Souitarte, mes domestiques ne peuvent donc plus m'apprendre ce qu'ils veulent? — Non, Direste; vous savez qu'il est convenu qu'ils ne doivent rien dire sans ma permission; vous avez besoin de ménagement, votre santé ne permet pas qu'on vienne vous importuner d'une foule de détails d'affaires et de service. — Je conviens, Souitarte, que je suis un peu souffrant et que j'ai les nerfs affectés depuis ma dernière chute à la chasse; mais cependant je ne puis pas pour cela me laisser réduire à la nullité, absolument comme un imbécile, car on ne peut plus m'annoncer, à présent, que l'on doit servir le dîner, si on ne vous l'a pas demandé auparavant. — Vraiment, Direste! on croirait que vous êtes venu me faire une scène, et il est bien singulier que vous soyez arrivé ici comme un évènement, vous qui, depuis huit jours, ne consentez qu'avec peine à ce que j'entre chez vous à tous les momens.

— Ma foi! s'écria ici le vieillard d'une voix qui n'était plus tremblotante, Souitarte, vous me tenez aussi trop en tutelle; vous voulez me mener à la lisière, vous me traitez presque comme un interdit.

— Ah ça! quelle lubie passe donc aujourd'hui par la tête de ce vieux fou ? s'écria la baronne tremblante de colère et d'impatience.

— Mon Dieu! répondit le vieillard d'un son de voix craintif, on ne peut donc plus rien vous dire? il faut être soumis comme un enfant avec vous. — Direste! je veux bien me calmer, mais dites-moi ce que signifie cette algarade subite en présence d'un tiers étranger? — Eh bien, Sonitarte! s'il faut le dire, c'est que j'ai réfléchi tout à l'heure à ce que vous m'avez fait promettre et je ne veux plus signer. Je croyais que ce jeune homme était l'avocat qui apportait le testament. Non, non, mon cousin a beau faire, je ne veux plus lui donner ma succession.

— Ah! s'écria la baronne trépignante, c'est à épuiser la patience de dix saints et d'autant de sages. Comment, vieil imbécile, vieux sot, vieille ganache, vous avez l'infamie de vous rétracter quand vous venez de vous engager positivement!... — Mais c'est trop contraire à mes affections, à mes intérêts. — Ah! voici qui est rare et curieux, c'est contraire à ses intérêts de donner son bien après sa mort qui n'arrivera peut-être que dans trente ans! à ses opinions d'instituer son propre cousin légataire! à ses affections, lorsque je dois être moi-même légataire!... Ainsi, vous voulez donc que malgré tout et sans savoir pourquoi, ce soit cette branche aînée si niaise si bigote et si orgueilleuse, qui hérite? elle vous tient donc bien à cœur, cette branche que le ciel confonde? quel bien vous a-t-elle donc tant fait? dites donc que vous avez pour elle la sympathie de la bêtise, de la petitesse de cœur et des préjugés bigots! — Mais enfin, ceux là me sont plus proches, et d'ailleurs pourquoi voulez-vous que je laisse tout à l'autre? — Ah! c'est donc encore à recommencer de rabâchages? Ne vous ai-je pas prouvé cent fois que votre cousin de la branche cadette est un homme recommandable, plein de vertus, de talens, de bonnes intentions, qui a dix enfans connus sans compter les inconnus, et qui vit honorablement, tandis que vos autres cousins sont des idiots efféminés, abrutis par la bigoterie, et dégénérés à force de plaisirs outrés et de fainéantise continuelle. — Oh! qui sait, au juste, à quoi s'en tenir sur les vertus d'Ambroise? Il est comédien d'habitude, et faux de caractère. Je le sais d'expérience, moi qui le connais trente-cinq ans avant vous. Tenez, voici son portrait : il est égoïste, avide, intéressé, hypocrite et médiocre. — Eh bien! quand cela serait, ce dont je suis bien loin d'être d'accord, ses enfans doivent-ils en souffrir? n'est-ce pas pour eux que vous devez tester? et d'ailleurs, n'y serai-je pas aussi dans votre testament? Vous ne voulez donc rien me laisser après vous? vous croyez donc que j'aurai passé inutilement mes belles années auprès de vous, que j'aurai éloigné un mari pour vous, que je me serai ensevelie près de vous dans cet ermitage, pour que, si le ciel veut que je vous perde, je me trouve sans appuis et sans fortune? — Mais, Souitarte, ne puis-je pas vous faire les mêmes avantages en faisant passer ma succession à l'autre branche? — Eh! vraiment, non, ce n'est plus la même chose; ils voudront me mettre de côté, et, comme ce sont eux seuls qui ont la puissance, ils pourront tout faire contre moi, je n'aurai personne pour me protéger, tandis que si Ambroise est votre légataire, il sera obligé de me soutenir pour son propre intérêt, et de faire cause commune avec moi. Vous voulez donc m'exposer à être emprisonnée ou empoisonnée?

Oh! les ainés sont incapables de

pareilles infamies ! ils ont trop de religion. — Ah ! oui, ils sont troppetits pour cela ! quand on a vu l'un des frères déshonorer la couche de son frère aîné, quand on a vu un autre des frères susciter à celui-ci des ennemis et correspondre secrètement avec ceux qui lui ont coupé le cou, et cela pour échouer dans leurs projets, un crime les arrêterait lorsque des millions en seraient le prix ! Vous savez bien cela comme moi ; mais ce que vous ne savez pas, c'est que ce sont eux qui ont indirectement causé la perte de votre fils.

— Ah ! ah ! voilà qui est nouveau pour moi ! je ne m'en étais pas douté le moins du monde, vous ne me l'aviez jamais dit jusqu'à présent. —

Je le crois bien, je ne le savais pas moi-même, ce n'est que tout à l'heure que je viens de l'apprendre de ce jeune homme.

En entendant cela, Léonard fut si surpris qu'il ne savait s'il veillait ou s'il dormait. — N'est-il pas vrai, lui dit promptement la baronne en lui faisant un signe d'intelligence inaperçu du vieillard, qui d'ailleurs n'était guère capable de rien apercevoir, n'est-il pas vrai, Monsieur, que vous avez des preuves de ce fait?

Léonard que cette interpellation inattendue et mensongère confondait, et qui se voyait pressé ainsi, répondit en balbutiant: oui Madame; intérieurement très-fâché d'affirmer une chose qui était fausse.

— Ah diable ! reprit le vieillard, facilement persuadé, qui changea subitement d'idée et d'humeur, c'est une affaire toute différente, et alors je suis disposé à faire ce que vous désirez ; nous verrons à signer la semaine prochaine. — Quoi ! Direste ! la semaine prochaine ? s'écria la baronne, dans les yeux de qui brillait une convoitise ardente d'intérêt, pourquoi pas tout de suite ? allons, Direste, mon petit Direste ! continua-t-elle, en devenant caline tout-à-coup et lui passant la main sous le menton, il faut en finir, mon chéri. Promettez-moi de signer dès aujourd'hui ; faites mieux, si vous voulez vous débarrasser de cette affaire ennuyeuse pour vous, signez dès à présent. Ce jeune homme n'est pas l'avocat, il est vrai; mais il est chargé de vous presser pour cet objet; il vient de la part de votre cousin, et il ne quittera pas que vous n'ayez signé afin d'emporter copie du testament.

Léonard ne savait où il était, et commençait à s'alarmer de ce que la pressante baronne le mettait en jeu d'une manière aussi scâbreuse. Toutefois il dissimulait son inquiétude. La situation était dramatique.

Et soudain la baronne se jette au cou du vieillard, l'embrasse sur les deux joues et lui dit : — Mon petit Direste! soyez donc bien gentil, voyons, rendez-moi heureuse. Je peux être privée de vous et être prise au dépourvu. Hélas! si j'avais une fortune égale à la vôtre, je ferais aussi mon testament en votre faveur pour vous rendre la pareille, et nous nous prouverions notre attachement mutuel en testant réciproquement.

—Ah! répondit le vieillard ébranlé par ces cajoleries, m'aimes-tu au moins véritablement, Souitarte?

— Quels diables de termes de mignardise! pensait Léonard, Direste! Souitarte! qu'est-ce que cela veut dire?

— Comment, Direste! s'écria la rusée baronne avec un accent de tendresse qui surprit Léonard, tant il contrastait avec l'humeur impérative et la colère qu'elle venait de montrer, comment peux-tu me demander cela?

— Ah! je suis donc encore heureux! exclama le vieillard attendri, en versant une larme, s'il est vrai que tu m'aimes.

— Monstre! s'écria la baronne d'un ton d'espièglerie mutine et aimable, tu mériterais bien que je ne t'aimasse plus! mais toi, qu'est-ce qui me prouve que tu m'aimes?

— Ah! reprit le vieillard, tous les sacrifices que j'ai faits... — Direste! allez-vous me les reprocher? Venons au fait: voulez-vous que je vous aime toujours? — Oui, oui, certainement, et je ne désire rien tant au monde. — Eh bien! signez donc là, à l'instant, ce fâcheux testament, et qu'il n'en soit plus parlé. Alors il n'y aura plus ni nuages ni discussions entre nous, et je vous consacre le reste de ma vie... signez sans balancer..... sur-le-champ.

— J'y consens, répond le vieillard, parvenu par tant d'excitations à se sentir enthousiasmé, je veux le signer tout de suite pour n'y plus revenir. Où est-il?

— Le voilà, s'écrie la baronne en tirant lestement deux feuilles de grand papier de son secrétaire qui était là tout ouvert. Et aussitôt elle fait asseoir le vieillard à ce secrétaire. Après cela, elle commence par lui faire parapher le bas des pages; elle avait une tête de notaire cette femme-là, avec un caractère de conspirateur. Ensuite, elle lui dicte ce qu'il doit écrire. Le vieillard avec une verdeur de tête, une vivacité de main dont on ne l'aurait pas cru susceptible, écrivit à la fin de l'acte quelques lignes suivies de la date, et signa le tout. La baronne lui fit faire la même opération deux fois, cet acte étant double. Pendant que le vieillard écrivait, elle suivait le mouvement de sa plume avec anxiété.

Enfin tout cela était terminé, mais il n'avait pas encore déposé la plume quand il fut pris d'un étourdissement tel qu'il tomba de côté sur le parquet, sans connaissance. Léonard court à lui, le relève et le couche sur un sopha. La baronne plus joyeuse d'avoir obtenu enfin le testament qu'effrayée de l'accident arrivé au testateur, prend les feuilles qui sont sur le secrétaire, les plie avec le plus grand sang-froid, les serre dans ce même secrétaire qu'elle referme et dont elle retire la clé, et tout cela, sans marquer le moindre souci de l'état où le prince se trouvait, car c'était le prince de Valfrémont lui-même, comme le lecteur a pu le deviner sans peine.

Elle vient à lui à la fin, et d'un air où il y avait beaucoup de satisfaction et pas la moindre inquiétude, elle s'écrie : —Il est sans mouvement ! est-ce un évanouissement ? il lui en arrive quelquefois ; mais si c'était une apoplexie !... Elle disait ces mots avec un ton qui marquait plutôt le désir que la crainte. Léonard étonné du peu de sensibilité de la baronne pour l'homme qui venait de signer un testament qui l'enrichissait, lui demande si elle a de l'eau de Cologne, de l'éther, du vinaigre, ou quelqu'odeur capable de le faire revenir.

— Ecoutez, répond la baronne, ne nous occupons pas de cela. Il importe beaucoup que le prince ne reste point dans cet appartement-ci; transportons-le au plus vite dans le sien qui n'est pas éloigné. — Alors, madame la baronne, je vais appeler des domestiques. — Eh! non, têtebleu! ce serait une sottise, je saurais bien les sonner si je voulais. Gardons-nous que personne ne le voye en cet état. Quel coup de fortune! on dirait que c'est un fait exprès.

Et la sensible baronne ne pouvait cacher sa joie malgré tout ce qu'elle faisait pour la comprimer. — Ah! s'écria-t-elle, si c'était vraiment une apoplexie, quel bon... je veux dire quel hasard, quelle nouvelle singulière pour l'épicier qui vous a envoyé!

— Tenez, ajouta-t-elle, nous allons le transporter à nous deux; prenez-le par les pieds, tandis que je le tiendrai par la tête.

— Oh! madame, répond Léonard, je le porterai bien à moi seul.

Et il prend aussitôt dans ses bras le vieux prince, et le porte aussi légèrement qu'un enfant à la suite de la baronne, qui, le conduisant et ouvrant les portes, les referme ensuite sur eux avec une attention extraordinaire, ayant soin d'en emporter les clés. Elle escalade lestement un petit escalier par lequel Léonard monte, toujours avec sa charge, et d'où ils parviennent dans un appartement dont ils traversent seulement deux pièces. Arrivés dans la troisième, dont le plafond est très-élevé, et où il y a de grandes fenêtres garnies d'énormes espagnolettes, il dépose sur une ottomane le prince toujours sans connaissance.

— Il est toujours sans connaissance, dit la baronne à demi-voix.

Elle lui prend le bras, qui est affaissé comme celui d'un mort, et lui tâte la main. — Son pouls est à peine sensible, dit-elle.

Elle met la main sur son cœur. — Son cœur bat encore, ajouta-t-elle, comme désappointée.

— Mais, dit Léonard, si madame lui faisait respirer des sels?

— Mon Dieu! *mon cher ami*, que vous êtes peu avisé! répond la baronne avec humeur et familiarité. Et elle se fit aider de lui pour transporter une table de porphyre fort lourde près d'une des fenêtres, ensuite elle dit : — Voyez comme cette fenêtre est belle, qu'elle a de belles espagnolettes !

Léonard reste ébahi de cette exclamation. — Elle est timbrée, sans doute, se dit-il à lui-même, cette femme-là. Mais sa surprise augmente encore lorsqu'il lui voit prendre un grand fauteuil et le placer elle-même sur la table, y monter et s'y asseoir avec l'agilité d'une funambule.

Elle en descend une minute après, prend la main de Léonard, le regarde avec des yeux étincelans, et lui dit d'un ton concentré : — Jeune homme, vous m'avez promis formellement un dévouement sans bornes, voici le moment de me le prouver.

A ces mots, elle l'entraîne près de la fenêtre à gauche, et, après s'être bien assurée que le prince est toujours dans le même état, elle revient une longue écharpe de soie à la main, ayant la physionomie contractée d'un conspirateur en opération, et regardant de loin le corps du vieillard.

— Voici une de ces occasions décisives qu'il faut mettre à profit, dit-elle à Léonard, d'un ton terrible. Il y a 200,000 francs pour vous, que vous aurez dans une demi-heure.

Ensuite, baissant la voix, elle lui montre la table, le fauteuil et l'écharpe, et lui dit plusieurs mots sinistres qui ne sont pas venus à notre connaissance. Il fallait qu'ils fussent bien extraordinaires, car Léonard s'écria : — Quelle horreur!.... Non, non, madame, je ne veux pas, je ne m'y prêterai jamais; vous vous êtes trompée, je ne suis pas ce que vous m'avez pu croire.

La baronne, déconcertée, se jette alors sur un fauteuil : — Lâche et pusillanime jeune homme! lui dit-elle d'une voix sourde et irritée, voilà donc ce dévouement dont vous m'assuriez tant! Lorsqu'il s'agit de mon sort, de celui d'une famille nombreuse et recommandable, de la fortune de tant de personnes, de la vôtre par-dessus tout, vous refusez votre bras, vous, naguère soldat d'une milice où la première qualité est l'obéissance passive et le dévonement sans bornes ! Et vous croyez que vous trouverez des protecteurs dans le monde? Mais, jeune ignorant, jeune timoré, jeune insensé, timide comme une jeune fille, et superstitieux comme une vieille femme, sachez donc que l'on ne fait rien dans le monde pour ceux qui ne savent pas exposer leur existence ou leur réputation pour un protecteur. A quoi donc êtes-vous bon? dites-moi. Croyez-vous qu'on fera votre fortune pour des services sans périls, ou pour une obéissance d'automate? Tout homme qui délibère quand on lui demande son assistance, qui hésite, qui a des scrupules, est un homme inepte, qui ne peut être d'aucune utilité aux personnes qui se l'attachent. Croyez-vous que vous serez protégé par une femme si vous n'avez tout exposé pour elle? Il n'y a pas de milieu, il faut être son amant ou son champion pour mériter sa bienveillance. Avez-vous entendu parler du Vieux de la Montagne, dites, jeune homme? — Oui, madame. — Eh bien! il me faut comme à lui un esclave qui exécute tout ce qu'on lui ordonne; il me faut, à moi, un Séide comme à Mahomet; il me faut, enfin, une créature qui ait mis sa vie à mon service. — Mais, madame, je la prodiguerais pour vous avec empressement, mais commettre un crime!.... — Quel petit esprit! Eh! qui vous dit que c'est un crime? Et quand même c'en serait un, si ma vie, ma fortune, mon salut, en dépendent ? Que ce vieil imbécile, maintenant en état de collapsus, en revienne, savez-vous, misérable et lâche que vous êtes, qu'il annullera le testament? Il ne sera plus dans les mêmes dispositions où il était tout à l'heure, j'en suis sûre, je le sais; alors, dès aujourd'hui, il fera un codicile, oui, un codicile, tout sera perdu, et ce sera vous qui aurez fait évanouir cette occasion, la plus belle qui se soit jamais présentée à personne. Au contraire, en me secondant que craignez-vous? Tout le monde croira la chose vraie. Ce sera un suicide comme un autre; il y en a tant aujourd'hui et d'aussi remarquables, toute la France, toute l'Europe le croira, et il ne restera pas la moindre trace du crime.

— Ah! madame, répondit tristement Léonard, ma conscience ne me pardonnerait jamais cela. Non, je n'en ai pas le courage....

La baronne, changeant subitement de ton, se lève et embrasse vivement Léonard. Elle fait plus, elle le caresse, l'entraîne, le fait asseoir à côté d'elle, en désordre, et soudain, relevant sa robe avec emportement, elle fait voir à Léonard un spectacle qui aurait pu ébranler un Hippolyte, un Joseph ou un Combabus, et qui, dans une autre circonstance, l'aurait troublé lui-même bien plus qu'eux. Cependant, il reste immobile à la vue d'objets qui auraient fait tomber à genoux les hommes les plus froids. Il n'est que stupéfait, terrifié; il est loin de toute sensation érotique.

Après l'essai infructueux de cette tentation d'une Vénus exaltée, la baronne devient une bacchante animée ; elle passe à un accès de fureur auquel succède le chagrin.

— Vous croyez être vertueux et incorruptible, homme froid et lâche, et vous n'êtes qu'un imbécille ! s'écria-t-elle en rugissant. Et aussitôt elle tombe sur un fauteuil le visage inondé de pleurs de dépit, la rage et le regret dans le cœur. Ils demeurent tous les deux dans le silence. Léonard était interdit, elle accablée et muette, et voilà que le vieux prince manifeste de la connaissance, pousse un gémissement, se met sur son séant, et dit en chevrotant : — Souitarte!

La baronne aussitôt, comme s'il ne se fût rien passé que d'ordinaire, se lève et va à lui avec empressement : — Direste, Direste ! s'écria-t-elle, vous voilà donc revenu, grâce à Dieu ? Ah ! que vous nous avez alarmés ! Avec quelle anxiété je vous voyais dans cet état de léthargie ! j'allais me livrer au désespoir.

Léonard, par une prudente complaisance pour la baronne, avait enlevé le fauteuil de dessus la table de porphyre. Le prince parut étonné de se trouver transporté dans la pièce où on l'avait déposé. La baronne lui donna pour motif que, craignant quelque désastre, elle l'avait fait ainsi par ménagement pour leur réputation à tous deux, et lui rappela l'histoire du maréchal Lauriston, terminant son existence chez une demoiselle avec qui il était en conversation particulière.

Le vieux prince, homme plein de religion, approuva beaucoup ce motif, et Léonard fut frappé de l'esprit ingénieux de l'énergique et décidée baronne.

— Ce sont, dit-elle, mes soins et ceux de ce jeune homme qui vous ont fait revenir. Si vous saviez tout ce que nous avons fait pour vous secourir! Nous vous avons donné des coups dans les mains, nous vous avons frotté.....

— Mais, interrompit il, vous ne m'avez rien fait respirer, à ce qu'il paraît, vous ne m'avez seulement pas donné d'air en ouvrant les fenêtres.

— Ah! Direste, l'air vous eût fait mourir, il est trop vif par un jour de giboulée comme celui-ci; quant aux odeurs, aux essences, j'avais craint qu'elles ne vous nuisissent. Enfin, qu'importe ! j'ai réussi comme vous voyez, et j'en suis dans une joie inexprimable.

Léonard était stupéfait de cette transition de ton de la baronne, et voyant la figure de cette femme encore dévastée par la contraction des muscles de ses dernières convulsions, où la gaîté s'efforçait de paraître, il lui sembla voir le démon femelle du roman du *Moine*. Quelques autres propos furent encore tenus entre ces trois personnes; ils ne valent pas une mention. Le vieux prince ayant manifesté l'envie de dormir, la baronne sortit, emmenant Léonard qui n'aurait pu s'en aller sans elle, puisqu'elle avait pris les clés de toutes les portes. Il s'attendait à être congédié après avoir été accablé de reproches, outout au moins avoir essuyé des marques d'aversion et de dédain. La baronne s'était compromise dans son opinion par d'horribles propositions ; elle lui avait fait des avances de malfaitrice et de courtisane, s'était dévoilée, s'était mise à nu à ses yeux, d'âme et de corps!... elle n'en avait reçu que des refus, dela froideur, sans compter le mépris intérieur. Elle en avait été pour ses avances enfin, et quelles avances grand Dieu! Léonard s'attendait à tout ce que la confusion d'une corruptrice déçue, et la honte d'une femme humiliée pouvait lui inspirer.

Point du tout : il n'est pas peu

étonné, que revenu avec elle dans la pièce où la scène du testament avait eu lieu, la baronne, comme si de rien n'était, prend l'air le plus affectueux et le plus affable, et lui dit : — Ah! M. Léonard, que vous êtes un jeune homme admirable! quel beau caractère, que votre caractère! en vérité! vous êtes un héros de vertu, si vous êtes un héros de bravoure. Que les hommes comme vous sont rares! quelle belle délicatesse! Quels louables scrupules! ah! je le sens bien, c'est ce qu'il y a de mieux dans l'espèce humaine, qu'un homme incorruptible; j'avais prodigieusement tort de vous en railler. Ah! vous m'avez évité un grand crime, vous m'avez rappelée à moi-même; vous êtes le meilleur ami que j'aie au monde. Quel cadeau l'épicier m'a fait en vous ! il n'y a pas dans notre siècle deux hommes de votre rang et de votre condition, aussi honnêtes, aussi pleins de délicatesse, de sentimens ; embrassez-moi, je le veux, vous êtes un dieu pour moi.

Et Léonard confondu l'embrassa, ce qui aurait eu lieu une demi-heure plutôt s'il avait voulu, non comme cette fois-ci en tout bien tout honneur, mais avec risque d'embrâsement des sens, et d'égarement du cœur et de l'esprit.

— Tenez, mon bon ami, reprit la bonne et repentante baronne, je suis la femme la plus sensible, la plus douce, la plus désintéressée et la plus reconnaissante qui existe, mais je suis sujette à des exaltations nerveuses si grandes et si extraordinaires, qu'elles me dénaturent l'âme et le caractère. Je ne me connais plus quand mes paroxismes nerveux me prennent, et je tuerais ou je pendrais mon père et ma mère s'ils étaient là. Justement, il venait de m'en prendre un au moment où le prince éprouvait un accès d'une autre espèce. Quand j'y tombe, on me prendrait pour un monstre, une furie, une Frédégonde, une Brinvilliers, une lady Macbeth, tandis que la nature m'a créée la plus généreuse, la plus compatissante et la plus tendre des femmes. Tels sont les excès où les affections hystériques peuvent porter quelques personnes de mon sexe, qu'elles sont tout d'un coup transformées de colombes en tigresses. Il y en a quatre de distinction en Europe comme cela, et j'ai le malheur d'en être une. Mais que de grâces j'ai à vous rendre! si vous n'aviez résisté courageusement à mes volontés, vous alliez causer ma perte et vous rendre complice avec moi d'un forfait horrible. Adieu, mon véritable ami! adieu, respectable jeune homme! allez m'attendre dans un pavillon du parc où l'on va vous conduire; j'ai besoin de repos; mais tantôt j'irai vous trouver pour vous charger d'une mission pour laquelle j'ai besoin d'un homme de grande confiance, et où il s'agit d'affaires très-pressantes. Hélas! qui pourrais-je choisir qui ait mérité ma confiance comme vous!

En même temps elle sonna, et un domestique étant venu : — Conduisez monsieur, lui dit-elle, au pavillon d'Orange.

— Adieu, noble jeune homme, adieu pour quelques heures, s'écria-t-elle avec un ton d'enthousiasme marqué, et en lui donnant sa main potelée et blanche à baiser. Léonard congédié ainsi, fut conduit par le domestique au pavillon indiqué, qui était une petite portion de bâtiment attenant à une extrémité de l'aile droite du château, en deça du Parc.

Là, il fut mis en possession d'un joli petit appartement où l'on devait lui apporter à dîner au bout d'une heure. Resté seul il fut abîmé de beaucoup plus de réflexions encore que lorsque l'épicier l'avait quitté la veille. Il fut tenté de croire qu'il rêvait, quand il repassait dans son esprit les choses extraordinaires qu'il venait de voir et qui venaient de lui arriver.

Il y avait déjà deux heures qu'il était à se reposer dans ce petit appartement sans songer à le parcourir, tout joli qu'il était, et sans remarquer qu'on ne lui apportait point à dîner, car il était loin d'avoir de l'appétit, tant il était encore plein de l'impression de la belle fenêtre et de la table de porphyre. Le même domestique qui l'avait amené vint le trouver pour le ramener à la baronne qui le demandait.

— Mon ami! s'écria-t-elle en le revoyant, avec des démonstrations d'affabilité qui surpassaient les dernières, il faut que vous me rendiez un service extraordinaire, et votre dévouement au moins ici ne sera criminel ni pour vous ni pour moi. Par suite du testament que vous avez vu signer ce matin, il y a trois millions en capitaux qui m'appartiennent dès à présent; mais il faut les recouvrer avant quatre jours, sans quoi ils seraient perdus. Je vous expliquerai cela plus tard. Je vous charge d'aller les recueillir à Londres où ils sont; mais il est instant que vous partiez sur-le-champ pour Calais, sans même prendre le temps de dîner ici. Je viens de faire atteler une voiture de voyage qui est toute prête et qui vous attend. Voici deux rouleaux de mille francs pour vos frais de voyage, et à votre retour je vous destine 30 mille francs de récompense. Partez, partez vite, je n'ai pas le temps de recevoir vos remerciemens. Voici un porte-feuille où vous trouverez une lettre pour le banquier ; encore une fois partez, il n'y a pas cinq minutes à perdre. Adieu.

Léonard s'attendant peu à ce brusque congé fut ébloui, ou plutôt étourdi du discours de la baronne et de l'exposé de cette mission. Elle s'était dérobée aussitôt à ses adieux si promptement qu'il n'eut pas même le temps de lui faire sa révérence. Accoutumé par souvenir à obéir sans délai aux ordres imprévus, il n'hésite pas et demande qu'on le conduise. On l'emmène aussitôt et on le fait monter dans une voiture bourgeoise dont le postillon était tout prêt; les chevaux sont lancés, et le voilà sur la route d'Amiens avec le porte-feuille donné par la baronne. On ne lui a pas même laissé prendre à son auberge le petit paquet qu'il avait apporté de Paris.

Il eut plus de loisir qu'il n'en fallait pour que ses sens, calmés au bout de quelques heures, son imagination vînt à lui retracer tout ce qui venait de se passer. — En vérité! disait-il ainsi seul dans la voiture, j'ai assisté aujourd'hui à des scènes qui l'emportent sur celles des romans de Lewis, de Radcliffe et de Walter Scott, et qui sont plus incroyables que tout ce que l'on lit dans ceux de Victor Hugo. Du moins, je n'y ai rien trouvé qui ressemble à ce qui vient de se passer et de m'arriver dans ce château. Quel mélodrame en pourrait approcher? Je n'avais jamais ouï parler de ce vieux prince de Valfrémont. Ce n'est pas sans doute le premier vieillard mené par une femme qu'il a eue pour maîtresse; mais on n'en a guère vu, je crois, qui fussent ainsi que lui tenus dans l'obéissance comme un enfant, et qui aient couru des périls pareils, car si j'avais voulu le brave homme était.... étranglé. C'est plus qu'un petit garçon, c'est un prisonnier entre les mains de cette femme. Dieu! quelle énergumène! j'ai cru jusqu'à présent qu'il n'y en avait comme cela que dans l'histoire et les romans, ou au théâtre, ou dans les journaux. Cependant je lis tous les jours la *Gazette des Tribunaux*; mais le public ne sait pas jusqu'à quel point les passions peuvent aller, je vois bien que je n'ai pas beaucoup vécu. Cette baronne est belle et séduisante, elle est passionnée, furieuse, exaltée, scélérate, dévergondée, fourbe, aimante, sensible, vertueuse et généreuse tout à la fois ; elle réunit le bien et le mal, elle réunit tous les extrêmes, elle réunit tout. Je m'y perds. Il faut avouer qu'elle m'a mis à une épreuve bien forte! si c'eût été dans un moment moins orageux, que j'eusse été là.... prédisposé..... mais non..... lorsque j'avais les nerfs crispés, au milieu d'un débat aussi animé, quand il s'agissait d'un crime!... ma foi!

sans tout cela Joséphine était oubliée. Je ne sais pas si celle-ci est aussi séduisante, si elle pourrait m'en montrer autant que la baronne, ce serait curieux à comparer. Oh ! à présent je me rappelle que ce que j'ai vu était bien beau. Dans une circonstance plus riante, un spectacle pareil pourrait égarer mes sens. Ah ! quand j'y pense, jamais femme même passionnée fit-elle un mouvement si dévergondé ? Je n'ai point connu de filles qui en fussent capables. Mais ce changement subit, ce langage qu'elle m'a tenu dans son cabinet au retour, j'en suis encore stupéfait. Conçoit-on qu'elle ait passé si subitement de la fureur de l'intérêt, et de la soif du crime à l'enthousiasme des beaux sentimens et de la vertu? Etre une furie d'ambition et ensuite un ange de grandeur d'âme, quelle transition ! Cette rage infernale suivie d'un si prompt repentir, tout cela me paraît bien extraordinaire et bien difficile à concilier. Ne m'a-t-on pas trompé? N'est-ce pas un piège ? Mais non, elle m'a donné beaucoup d'argent et m'envoie toucher une somme considérable. Cela doit dissiper tous les doutes.

Léonard fit mille autres réflexions encore ; mais nous ne les rapporterons point, et le laisserons continuer son voyage imprévu.

FIN DU TOME DEUXIÈME.

Sous Presse

DU MÊME AUTEUR.

LES

DEUX RENÉGATS.

www.ingramcontent.com/pod-product-compliance
Ingram Content Group UK Ltd.
Pitfield, Milton Keynes, MK11 3LW, UK
UKHW031833260826
14628UKWH00001B/359

9 782013 360470